beck'sche
sche reihe

b sr

Kaum ein anderes Land ist politisch und kulturell so vielfältig wie Afghanistan. Unterschiedliche Sprachen, Ethnien, Glaubensrichtungen und Herrschaftsvorstellungen behinderten immer wieder die Schaffung einer nationalen Einheit und den Aufbau eines Staates. Dieser Zersplitterung ist es aber auch zu verdanken, dass Afghanistan nie für längere Zeit von fremden Mächten – seien es Briten oder Sowjets – beherrscht wurde. Conrad Schetter schildert knapp und kenntnisreich die Geschichte des Landes von der Antike bis zur Gegenwart. Der Schwerpunkt der Darstellung liegt auf den letzten beiden Jahrhunderten, in denen sich die Spannungen zwischen Stadt und Land und zwischen Moderne und Tradition immer wieder in Rebellionen, Umstürzen und Kriegen entluden. Nicht zuletzt erläutert das Buch die besonderen Beziehungen zwischen Afghanistan und Deutschland.

Conrad Schetter, Dr. phil., ist wissenschaftlicher Mitarbeiter am Zentrum für Entwicklungsforschung in Bonn und Vorstandsmitglied der wissenschaftlichen Arbeitsgemeinschaft Afghanistan. Er lehrt darüber hinaus als Privatdozent an der Universität Bonn.

Conrad Schetter

Kleine Geschichte Afghanistans

Verlag C.H.Beck

1. Auflage. 2004
2., aktualisierte Auflage. 2007

Mit 5 Karten und 1 Stammtafel

Originalausgabe

3., aktualisierte Auflage. 2010
© Verlag C.H.Beck oHG, München 2004
Satz: Fotosatz Reinhard Amann, Aichstetten
Druck und Bindung: Druckerei C.H.Beck, Nördlingen
Umschlagentwurf: malsyteufel, Willich
Umschlagabbildungen: *Vorderseite: links:* Schülerinnen in Ghazni
empfangen den afghanischen Präsidenten Hamed Karzai mit einem Bild
des ermordeten Ahmad Schah Masʿud, Mai 2003, © AP;
rechts: Mausoleum des Ahmad Schah Durrani in Kandahar, kolorierte
Lithographie von James Rattray, © Stapleton Collection/Corbis;
Ruckseite: rechts: Ballonverkäufer in Kabul, 1995, © Baci/Corbis;
links: Mohnfeld in der Nähe von Jalalabad, © Reza/Webistan/Corbis
Printed in Germany
ISBN 978 3 406 61644 0

www.beck.de

Inhalt

Hinweise zu Transkription und Aussprache................. 8

Einleitung: Mythos Afghanistan...................... **9**
    Geschichtliche Annäherung......................... 10
    Die afghanisch-deutschen Beziehungen 14

1. Afghanistan – ein kulturelles Mosaik **18**
    Natur- und Kulturraum 18
    Kulturelle Vielfalt 21
    Ethnische Vielfalt 23

2. Griechen und Nomaden (6. Jahrhundert v. Chr. bis 6. Jahrhundert n. Chr.).............................. **29**
    Spurensuche in der Antike.......................... 29
    Gräko-baktrische Reiche 31
    Nomadeneinfälle.................................. 33

3. Die Ausbreitung des Islam und der Sturm der Mongolen (7. bis 17. Jahrhundert) **37**
    Islamische Reichsgründungen 37
    Verwüstungszüge der Mongolen.................... 40
    Safawiden, Moguln und Schaibaniden................. 43

4. Die Gründung paschtunischer Reiche (17. Jahrhundert – 1823) **45**
    Mir Wais und der Untergang des Safawidenreichs........ 45
    Ahmad Schah und die Gründung des Durrani-Reichs (1747–1773) 47
    Afghanistan – Land unzähliger Herrscher 51

5. Das «Große Spiel» (1823–1880) 55
Dost Mohammad und der erste anglo-afghanische Krieg . . 55
Scher ʿAli und der zweite anglo-afghanische Krieg 63

6. Vom Stammesfürstentum zum Staat (1880–1930) 69
ʿAbdur Rahman, der eiserne Emir (1880–1901) 69
Habibullah und die Jungafghanen (1901–1919) 72
Amanullahs Vision eines modernen Afghanistan (1919–1929) 73

7. Zwischen Tradition und Fortschritt (1930–1963) 79
Die Paschtunistanfrage und Pakistan 81
Modernisierung zwischen den Fronten des Kalten Kriegs . 84

8. Afghanistans «Goldenes Zeitalter» (1963–1978) 87
Die konstitutionelle Verfassung (1964) 87
Die afghanische Parteienlandschaft 90
Die Herrschaft des Vetters (1973–1978) 92

9. Die Machtübernahme der Kommunisten (1978–1979) 96
Reformen, Repressionen und Rebellionen 96
Die sowjetische Intervention 98

10. Der Afghanistankonflikt im Zeichen des Kalten Kriegs (1979–1986) 102
Krieg, Vertreibung und Flüchtlingsdasein 103
Die Politik der afghanischen Regierung 106
Widerstandsbewegungen 108

11. Die Verselbständigung des Kriegs (1986–1994) 112
Die Auflösung ideologischer Fronten 113
Der Sturz Najibullahs (1992) 116
Die Fragmentierung Afghanistans 118
Ausländische Einflussnahme 122

12. Aufstieg und Herrschaft der Taliban (1994–2001) 125
Die Machtübernahme der Taliban 126

Krieg am Hindukusch. 128
Anhängerschaft und Politik der Taliban 131

13. Der 11. September und die Folgen für Afghanistan (seit 2001) 136

Der Petersberger Prozess (2001–2005) 137
Der Bürgermeister von Kabul 140
Die Rückkehr der Taliban 142
Der Wiederaufbau Afghanistans 144
Das letzte Aufgebot (seit 2009) 146
Aussichten auf Frieden. 149

Zeittafel 153
Stammtafel der Durrani-Dynastie 159
Literaturhinweise 161
Personenregister 163

Verzeichnis der Karten

Geographie Afghanistans. 20
Ethnische Gruppen in Afghanistan und seinen Grenz-
gebieten 24
Das Reich von Ahmad Schah Durrani (18. Jahrhundert). 49
Das «Great Game» der Kolonialmächte (19. Jahrhundert) 56
Konfliktpotential in Afghanistan (Anfang 21. Jahrhundert) . . . 140

Hinweise zu Transkription und Aussprache

Im Interesse der besseren Lesbarkeit wurde in diesem Buch auf die wissenschaftliche Transkription arabischer und persischer Namen und Begriffe verzichtet. Die folgenden Buchstaben bedürfen einer im Deutschen unüblichen Aussprache:

ch wird wie «tsch» in «Zwetschge» ausgesprochen.
gh wird wie ein am Gaumen gebildetes «r» ausgesprochen.
h   ist immer ein vollgültiger Konsonant und kein Dehnungsbuchstabe.
j   wird wie «dsch» in «Dschungel» ausgesprochen.
kh wird wie das harte «ch» in «Bach» ausgesprochen.
q   wird wie das deutsche «k» ausgesprochen.
s   ist immer stimmlos, auch am Wortanfang.
th entspricht dem stimlosen englischen «th» wie in «thing».
z   ist immer stimmhaft wie das «s» in «Sonne».
ʼ   bezeichnet den Stimmansatz mit einem leichten Knacklaut in der Kehle. In der Mitte eines Wortes deutet dieses Zeichen das Ansetzen einer nachfolgenden Silbe an; am Anfang eines Wortes erfolgt dieser Knacklaut häufig vor Vokalen etwa bei «ʻAli».

Einleitung: Mythos Afghanistan

Die Anschläge auf das World Trade Center und das Pentagon am 11. September 2001 rückten Afghanistan, einen längst vergessenen Krisenherd, plötzlich in das Rampenlicht des Weltgeschehens. Die Bilder, die seitdem tagtäglich über den Bildschirm flackern, zeichnen ein archaisches und anarchisches Bild dieses Landes: Grimmig ausschauende, Turban tragende Krieger bekämpfen sich bis aufs Blut, fanatische Muslime gehen gegen die Schulbildung und Gleichstellung von Frauen auf die Barrikaden, und der Anbau von Opium stellt den einzigen florierenden Wirtschaftszweig dar. Zur Erklärung dieser chronischen Krisensituation bemühen Journalisten wie Landesexperten immer wieder die für Afghanistan typischen Werte- und Verhaltensmuster, die sich der Logik des westlich geprägten Menschen entziehen. Eine Umschreibung der Verhältnisse in Afghanistan erfolgt daher oftmals mit Begriffen wie «Stämme», «steinzeitlich», «mittelalterlich», «Anarchie» oder «Blutrache» – also Begriffen, die einer vergangenen Welt angehören, von der die westliche Zivilisation glaubt, sie längst hinter sich gelassen zu haben. Afghanistan avancierte daher in der öffentlichen Wahrnehmung zur «Schattenseite der Globalisierung» (Robert Kaplan), zum «Herz der Finsternis» (Ahmed Rashid) und zum «Gegenpol der zivilisierten Welt»: Alles, was die moderne Gesellschaft für zivilisatorische Errungenschaften hält, ist in Afghanistan Mangelware; alles, was die moderne Gesellschaft verabscheut, findet sich in Afghanistan. Besonders die Taliban entsprachen diesem Negativbild und wurden zu den Dämonen und Monstern der aufgeklärten Welt.

Jedoch gerade die Tatsache, dass die moderne Gesellschaft in Afghanistan ein Land erblickt, welches all ihre Werte und Normen zu verneinen scheint, übt eine magische Faszination, Sehnsucht und Bewunderung aus. Viele Besucher des Landes erblicken in den Afghanen die «edlen Wilden», die über authentische, unverdorbene Werte und Normen verfügen und noch nicht der Dekadenz der modernen Welt anheim gefallen sind. Die afghanische Gastfreundschaft gilt als sprichwörtlich. Gerade diese positive Wertung der Afghanen bedingte, dass das Land in den sechziger und siebziger Jahren des 20. Jahrhunderts zum Ziel von Reisenden wurde, die nach dem Ursprünglichen, dem Wahren suchten. So bildete Kabul neben Katmandu und Kuta (Bali) eines der drei großen «Ks» auf der Hippieroute zwischen Europa und Australien. Nach der Intervention in Afghanistan 2001 entsprach diesem verklärten Bild am ehesten Hamed Karzai. So erfüllte dieser – gerade vor der Negativfolie der Taliban – die träumerischen Vorstellungen, die die westliche Welt von einem «orientalischen Märchenprinzen» hatte.

Diese immer wiederkehrende Verachtung bzw. Romantisierung Afghanistans als ein dem Stillstand preisgegebenes, vormodernes Land übersieht, dass es auch ein modernes Afghanistan gibt, das stets bemüht war, die traditionellen Verhältnisse im Land zu überwinden. Dieser Gegensatz von Moderne und Tradition prägte die afghanische Geschichte im 20. Jahrhundert und bildete die wesentliche Ursache des Afghanistankriegs, der 1979 ausbrach. Diese «Kleine Geschichte Afghanistans» will zeigen, dass man dem Land mit einfachen Klassifizierungen nicht gerecht wird. Wenn man aus der Geschichte eines Landes auch nicht dessen Zukunft herauslesen kann, so kann Geschichtsschreibung dennoch gewisse Strukturen aufzeigen, die historisch gewachsen sind und die die Zukunft zumindest beeinflussen werden. In diesem Sinne ist dieses Buch über Afghanistan zu verstehen.

Geschichtliche Annäherung

Wo liegt Afghanistan, und seit wann gibt es Afghanistan? Der Begriff «Afghanistan» war in der ersten Hälfte des 19. Jahrhunderts als Herrschaftsbezeichnung noch nicht etabliert, stattdessen wurde vom «Königreich Kabul» gesprochen. Unter Afghanistan verstand man damals recht verschwommen die Stammesgebiete der Paschtunen, die gegenwärtig im Süden und Osten des Landes wie im Nordwesten Pakistans liegen. Erst in der zweiten Hälfte des 19. Jahrhunderts setzte sich der Begriff «Afghanistan» als Landesbezeichnung durch. Allerdings lag die Region, die nun als Afghanistan verstanden wurde, weitaus nördlicher als noch Anfang des 19. Jahrhunderts. Denn mit dem Vordringen britisch-indischer Truppen in die östlichen paschtunischen Stammesgebiete war eine Abgrenzung zum Nachbarn Afghanistan über tribale oder ethnische Grenzen obsolet geworden. Unter der Landesbezeichnung «Afghanistan» wurde nun nicht mehr das Stammesgebiet der Paschtunen, sondern die herrschaftslose Pufferzone zwischen Russland, Britisch-Indien und Persien verstanden.

An die Frage des räumlichen Bezugs knüpft sich die Frage an, wann die afghanische Geschichte begann. Afghanische Historiker sind stets bemüht, die afghanische Geschichte als eine sehr alte darzustellen, die bis in die frühe Antike zurückreicht: Das antike Aryana, das mittelalterliche Khorassan und das neuzeitliche Afghanistan werden in einer kontinuierlichen Linie dargestellt und zu einer historischen Einheit verschmolzen. Die Entstehung des modernen afghanischen Nationalstaats datiert die afghanische Geschichtsschreibung auf das Jahr 1747, als Ahmad Schah Durrani ein dynastisches Imperium gründete. Da dieses Reich jedoch nicht einmal Afghanistan genannt wurde und auch keine Institutionen der modernen Staatlichkeit hervorbrachte, kann in diesem Zeitpunkt kaum die Gründung eines modernen afghanischen Staats gesehen werden. Als Datum für den Beginn der afghanischen Nationalgeschichte bietet sich viel eher die Regierungszeit Abdur Rahmans im ausgehenden 19. Jahrhundert an. Damals versahen die Kolonialmächte Britisch-Indien und Russland den halbautonomen Staat Afghanistan mit festen politisch-geographischen Grenzen und baute Abdur Rahman staatliche Strukturen auf. Sehr selten wird dagegen der Beginn der afghanischen Nationalgeschichte auf das Jahr 1923 datiert, als Amanullah die völlige Souveränität von Britisch-Indien erreichte, die konstitutionelle Monarchie einrichtete und seine Herrschaft verfassungsrechtlich mit dem Willen der afghanischen Nation legitimierte. Obwohl sich frühestens seit Abdur Rahman von einem Staat Afghanistan sprechen lässt, beschäftigt sich dieses Buch auch mit dessen historischen Vorläufern.

In der Geschichte Afghanistans lassen sich vor allem im 19. und 20. Jahrhundert fünf Grundzüge erkennen, die bis heute die Entwicklung des Landes prägen:

Erstens war der raue, abweisende Naturraum eine ungünstige Voraussetzung für die Etablierung von Herrschaft. Aufgrund der kargen landwirtschaftlichen Erträge war allein der Überlandhandel zwischen China, Indien und Persien eine prosperierende Wirtschaftsform. Alle Reiche, die sich in dieser Region herausbildeten, waren daher stets bemüht, eine der drei umliegenden fruchtbaren

Regionen, also Khorassan, Punjab oder Transoxanien, einzuschließen, um einen wirtschaftlichen Überschuss zu erwirtschaften. Sobald ein Reich nur auf das Gebiet des heutigen Afghanistan beschränkt war, reichten die Überschüsse aus der Landwirtschaft nicht aus, um eine dauerhafte Herrschaft abzusichern. Dies hatte zur Folge, dass seit dem 19. Jahrhundert jeder Herrscher von ausländischer Hilfe abhängig war, um sich an der Macht zu halten; im 19. Jahrhundert war es die finanzielle Unterstützung der Briten und im 20. Jahrhundert die Entwicklungshilfe der USA, der Sowjetunion und Deutschlands. Seit 1957 stammten über 40 Prozent der Staatseinnahmen von auswärts, namentlich aus der Entwicklungszusammenarbeit.

Zweitens ist der eklatante Gegensatz zwischen Stadt und Land zu nennen. Die wenigen Städte bildeten die wesentlichen Stationen an den Karawanenwegen und waren Teil des kosmopolitischen Handelsnetzwerks der Seidenstraße, während die ländlichen Regionen sich weitgehend selbst überlassen blieben und nur in geringem Austausch mit den urbanen Zentren standen. Dieser Gegensatz zwischen Stadt und Land wurde im Verlauf des 20. Jahrhunderts zur beherrschenden Konfliktlinie. Die Städte, allen voran Kabul, bildeten die Entwicklungsmotoren von Staat und Modernisierung, während im ländlichen Raum traditionelle Gesellschaftsstrukturen bestehen blieben.

Drittens ist die afghanische Gesellschaft durch einen extremen Partikularismus gekennzeichnet. Dörfer, Talschaften, Clans, Stammesgruppen und religiöse Gemeinschaften stellten in Afghanistan die wichtigsten Identitäts- und Handlungsbezüge dar, auf denen Patronage- und Klientelsysteme aufbauten. Einhergehend mit dieser Gesellschaftsstruktur konnten sich bis heute egalitäre Herrschaftsformen vielerorts erhalten. Hieraus folgt, dass gesellschaftliches Prestige und politische Hierarchien stets infrage gestellt werden und stark umkämpft sind. In vielen Epochen der afghanischen Geschichte zerfielen politische Bündnisse wegen persönlicher Rivalitäten und wurden Thronstreitigkeiten zwischen den potentiellen Nachfolgern blutig ausgetragen. Symptomatisch hierfür ist, dass abgesehen von Dost Mohammad und ʿAbdur Rahman jeder Herrscher des Landes in den letzten 200 Jahren entweder vom Thron vertrieben wurde oder eines unnatürlichen Todes starb.

Viertens diente die starke kulturelle Zerklüftung immer wieder

der politischen Mobilisierung. Nicht allein in sprachlicher und ethnischer, sondern auch in religiöser Hinsicht bildet Afghanistan ein äußerst mannigfaltiges Land. Diese kulturelle Vielfalt nutzten Herrscher und Politiker stets für ihre Interessen. Gerade im Prozess der Entwicklung zum Nationalstaat wurde dieses kulturelle Mosaik als besonderes Hindernis empfunden.

Fünftens ist auffällig, dass Afghanistan immer wieder weltpolitisch Geschichte schrieb. Im 19. Jahrhundert bildete das «Great Game» in Afghanistan zwischen England und Russland den Höhepunkt des Zeitalters des Imperialismus. 1979 beendete die sowjetische Invasion in Afghanistan die Entspannungspolitik des Kalten Kriegs und leitete die sowjetische Besatzung den Zusammenbruch der Sowjetunion ein. Schließlich weisen die Spuren der vielfach betonten Zeitenwende des 11. Septembers nach Afghanistan. Diese Großereignisse, mit denen Afghanistan in Verbindung gebracht wird, stehen immer in einer direkten Verbindung zu ausländischer Einflussnahme. Häufig wurden Entscheidungen von enormer Tragweite für das Land in weit entfernten Machtzentren wie London, Moskau oder Washington getroffen. Daher lässt sich eine Geschichte Afghanistans kaum ohne Berücksichtigung ausländischer Interessen schreiben.

Diese fünf Grundzüge der afghanischen Geschichte traten wie in einem Brennglas gebündelt während des Afghanistankriegs zutage, der in den letzten zwei Dekaden tobte. Deshalb schenkt dieses Buch diesem Zeitabschnitt auch die größte Aufmerksamkeit. So konnten sich nur die politischen und militärischen Bewegungen an der Macht halten, die Unterstützung aus dem Ausland erhielten. Versiegte diese Quelle, verlor die betreffende Bewegung an Einfluss. Außerdem verstärkte sich im Lauf des Kriegs der Stadt-Land-Gegensatz, da die Städte nach sozialistischem Vorbild modernisiert wurden, während in den ländlichen Regionen in bewusster Abgrenzung traditionelle Werte und Normen hochgehalten wurden. Der extreme Partikularismus führte dazu, dass sich der Widerstand wie die afghanische Regierung in unzählige konkurrierende Gruppierungen aufsplitterte. Das ethnische Konfliktpotential kam im Verlauf des Kriegs zum Tragen, da die Regierung wie die Widerstandsparteien ethnische Spannungen für ihre Interessen ausnutzten, um Kämpfer zu mobilisieren.

Die afghanisch-deutschen Beziehungen

Das vorliegende Buch stellt den ersten Versuch einer Gesamtdarstellung der afghanischen Geschichte in deutscher Sprache dar. Diese Lücke ist besonders verwunderlich, da das Verhältnis zwischen Deutschland und Afghanistan im 20. Jahrhundert ein besonders enges und in seiner Art einzigartiges war. Bereits seit dem beginnenden 20. Jahrhundert nahm Deutschland im Kontakt mit der Außenwelt für Afghanistan eine herausragende Stellung ein. Zunächst hatte Deutschland ein geopolitisches Interesse an Afghanistan. Während des Ersten Weltkriegs fand sich 1915 die Expedition von Oskar von Niedermayer und Werner von Hentig in Kabul ein, um Emir Habibullah zu überzeugen, Britisch-Indien und Russland den Krieg zu erklären. Im Frühjahr 1916 zog die deutsche Delegation unverrichteter Dinge ab, da der afghanische Herrscher nicht bereit war, in den Krieg einzutreten. Dennoch hinterließ bereits dieser erste Kontakt Spuren. Denn mit Deutschland zeigte sich erstmals eine europäische Macht an einem gleichberechtigten Bündnis mit Afghanistan interessiert – ohne koloniale Ansprüche zu erheben. Diese Haltung fand in Afghanistan Beachtung. Besonders Habibullahs Sohn, Amanullah, der 1919 den afghanischen Thron bestieg, hegte große Sympathien für Deutschland. Unter Amanullah wurden daher auch die Fundamente für eine deutsch-afghanische Kooperation gelegt: 1921 reiste eine erste afghanische Mission nach Deutschland, um Verträge mit zahlreichen Firmen und Fachleuten zu schließen. 1923 wurde eine deutsch-afghanische Handelsgesellschaft gegründet. In den zwanziger Jahren arbeiteten bereits 150 deutsche Fachkräfte in Afghanistan und war Deutschland der drittwichtigste Handelspartner. Auch die bildungspolitische Zusammenarbeit begann in den zwanziger Jahren: So kam 1921 erstmals eine Gruppe junger Afghanen zum Studium nach Deutschland, und 1924 wurde in Kabul die deutsche Nejat-Oberrealschule gegründet, die sich zu einer wesentlichen Kaderschmiede der afghanischen Elite entwickelte. So waren Mohammad Yusof, der erste Premierminister des konstitutionellen Afghanistan (1963–1965), Samad Hamed, stellvertretender Ministerpräsident (1971–1972), und der kommunistische Präsident Babrak Karmal (1980–1986) Absolventen der Nejat Schule, um nur einige zu nennen. Auf seiner Europareise besuchte Amanullah 1929 auch Deutschland. Dies stellte für das international isolierte Berlin ein politisches Großereignis dar, da es neben dem Besuch des ägyptischen Königs Faruk den einzigen Staatsbesuch in der Zeit der Weimarer Republik darstellte. In der Folgezeit verdichtete sich die Kooperation zwischen Deutschland und Afghanistan. Ende der dreißiger Jahre kamen bereits 70 Prozent der Industrieausrüstung und Maschinen aus Deutschland und waren deutsche Firmen wie Siemens stark in den Ausbau der afghanischen Infrastruktur involviert. 1937 richtete die Lufthansa sogar eine Flugverbindung zwischen Berlin und Kabul ein. Auch ist die deutsche Hindukusch-Expedition zu erwähnen, die 1935 eine wissenschaftliche Erforschung des südlichen Hindukusch anstrebte. Während des Zweiten Weltkriegs hielt der Kontakt zwischen beiden Ländern an. Da sich Afghanistan zur strikten Neutralität verpflichtete, weigerte es sich, die 180 Deutschen, die sich in Afghanistan befanden, den Alliierten auszuliefern. Schließlich wies Afghanistan unter enormen Druck Englands und der Sowjetunion die Deutschen zwar aus, aber erwirkte deren freies Geleit in die Heimat.

Gleich nach dem Zweiten Weltkrieg wurde die Kooperation zwischen Afghanistan und Deutschland wieder aufgenommen. Besonders der Bildungsbereich entwickelte sich zu einer tragenden Säule der bilateralen Beziehungen. Bereits in den fünfziger Jahren schrieb Deutschland Stipendien für Afghanen aus, und seitdem kam eine Vielzahl von Afghanen, die oftmals zuvor die Nejat-Schule besucht hatten, zum Studium nach Deutschland. Auch wurde eine Universitätspartnerschaft zwischen Kabul einerseits und Bonn, Köln und Bochum andererseits ins Leben gerufen, die den gegenseitigen Austausch von Gastprofessoren vorsah. In den sechziger Jahren wurden zudem in Kabul ein Goethe-Institut sowie Außenposten des Südasieninstituts und des Deutschen Archäologischen Instituts eingerichtet. Besonders in den sechziger und siebziger Jahren kam eine Vielzahl deutscher Wissenschaftler nach Afghanistan, die etwa als Ethnologen, Geographen oder Botaniker maßgeblich zur Erforschung des Landes beitrugen. Gerade diese enge wissenschaftliche Verzahnung überlebte den 22-jährigen Afghanistankrieg und bildet eine stabile Basis für den gegenwärtigen Wiederaufbau der afghanischen Hochschullandschaft.

Ein zweites Standbein war die Entwicklungszusammenarbeit, die bereits 1958 zwischen beiden Ländern vereinbart wurde. Bis Ende der siebziger Jahre stellte die Bundesrepublik knapp 360 Millionen D-Mark für die Entwicklungszusammenarbeit mit Afghanistan zur Verfügung. Afghanistan rückte nach Indien und Ägypten zum drittwichtigsten Empfänger von Entwicklungsgeldern auf. Umgerechnet auf die Bevölkerungszahl nahm Afghanistan sogar für viele Jahre die Spitzenposition ein. Ende der sechziger Jahre befanden sich bereits über 800 deutsche Experten im Land. Afghanistan wurde zum Schaufenster der deutschen Entwicklungspolitik. Die Ausbildung der Polizei sowie der Aufbau eines Gesundheitswesens etablierten sich als Eckpfeiler der deutsch-afghanischen Entwicklungszusammenarbeit. Das Paktia-Projekt, in dem deutsche Experten eine ganze Provinz entwickelten und modernisierten, stellte das ambitionierteste Vorhaben in Afghanistan und eines der größten deutschen Entwicklungsprojekte überhaupt dar. Begleitet wurde diese intensive Zusammenarbeit von gegenseitigen Besuchen der Staatsoberhäupter: König Zaher Schah besuchte die Bundesrepublik 1962, ein Jahr später kam Präsident Lübke nach Kabul und 1968 Bundeskanzler Kiesinger. Vor dem Hintergrund dieser intensiven Kontakte war die deutsche Sprache in Afghanistan für asiatische Länder ungewöhnlich weit verbreitet.

Mit der kommunistischen Machtergreifung fanden diese intensiven Beziehungen ein jähes Ende. Dennoch lebten die guten Kontakte gerade durch viele afghanische Flüchtlinge, die nach Deutschland kamen, weiter. Nach den USA bildete Deutschland in der westlichen Welt das wichtigste Zielland für afghanische Flüchtlinge – unter diesen ein Großteil der mit Deutschland verbundenen afghanischen Elite. Auch entstanden in den achtziger und neunziger Jahren in Deutschland viele Vereine, in denen sich Deutsche, die längere Zeit in Afghanistan gelebt hatten, und Afghanen zusammenfanden. In Afghanistan nahm nun die Deutsche Demokratische Republik viele Aufgaben wahr, die einst die Bundesrepublik erfüllt hatte, weshalb eine gewisse Kontinuität bestehen blieb. Afghanen kamen nun zur Ausbildung nach Berlin, Leipzig und Dresden, und an der Humboldt-Universität wurde das Fach Afghanologie eingerichtet. Erst der Sturz des Najibullah-Regimes 1992 beendete diese Beziehungen.

Mit dem Zusammenbruch des Taliban-Regimes im Herbst 2001 stand die internationale Gemeinschaft vor der Frage, wie die Zukunft des Landes zu gestalten sei. Deutschland erinnerte sich an seine einst engen Beziehungen zu Afghanistan. Als Berlin sich bereit erklärte, Gastgeber für die afghanischen Friedensgespräche auf dem Petersberg bei Bonn zu sein, befürworteten Afghanen jeglicher politischer Richtung die deutsche Initiative. Denn in Deutschland erblickten die Afghanen einen ehrlichen Makler, der keine neokolonialen Eigeninteressen verfolgt. In ähnlicher Weise wurde das starke deutsche Engagement beim Wiederaufbau begrüßt, vor allem die Tatsache, dass Deutschland an alte Traditionen, wie die Ausbildung der Polizei, anknüpfte. Auch engagierte sich Deutschland im militärischen Einsatz in Afghanistan. Die Bemerkung von Verteidigungsminister Peter Struck (2002–2005), dass «die Sicherheit Deutschlands auch am Hindukusch verteidigt» wird, gilt mittlerweile als historisch. Anfänglich stellte Deutschland das Gros der internationalen Schutztruppe ISAF (International Security Assistance Force) in Kabul. Seit 2003 verlagerte sich das Engagement der Bundeswehr nach Nordafghanistan. Hier stockte die Bundeswehr nach und nach die Zahl der Truppen auf (seit 2009: 5000 Mann). Der Bundestag erweiterte 2007 den Auftrag der Bundeswehr um Aufklärungsflüge; seit 2008 stellt die Bundeswehr eine schnelle Einsatztruppe für Kampfhandlungen. Deutsche Truppen wurden seitdem vermehrt in Kämpfe involviert: Seit 2005 starben 11 Bundeswehrsoldaten in Gefechten und 69 wurden verletzt – überwiegend in der Region Kunduz, die mehr und mehr zu einer Hochburg der Taliban wurde. Jedoch fielen auch Zivilisten militärischen Aktionen der Bundeswehr zum Opfer. Trauriger Höhepunkt war die Anordnung des Beschusses zweier von den Taliban gestohlener Tanklaster am 4. September 2009, bei dem bis zu 142 Menschen ums Leben kamen. Die Kunduz-Affäre kostete im Herbst 2009 den ehemaligen Verteidigungsminister Franz-Josef Jung sein Amt als Bundesminister und brachte seinen Nachfolger Karl-Theodor zu Guttenberg in Bedrängnis. Je länger der militärische Einsatz in Afghanistan dauerte, desto schwieriger wurde es für die Politik, ihn zu vermitteln. 2010 war der Abzug der deutschen Soldaten längst kein Tabuthema mehr; Uneinigkeit bestand nur noch über den Zeitpunkt.

Die Verbindungen zwischen Deutschland und Afghanistan zeichnen sich durch eine große historische Kontinuität aus. Ob die innigen Beziehungen zwischen beiden Ländern, die gerade von afghanischer Seite immer wieder betont wurden, den deutschen militärischen Einsatz am Hindukusch überstehen, bleibt abzuwarten.

1. Afghanistan – ein kulturelles Mosaik

Afghanistan lässt sich keinem Kulturraum eindeutig zuordnen. Das Land wird sowohl dem Islamischen Orient zugerechnet als auch als Teil Südasiens und Zentralasiens aufgefasst. Hieraus resultiert ein recht positives Bild, das Afghanen von ihrem Land als Begegnungsstätte verschiedener Kulturen, Traditionen und Völker entwerfen.

Natur- und Kulturraum

Afghanistan ist ein Binnenland, mit einer Fläche von 652 225 Quadratkilometern, was ungefähr der zweifachen Größe der Bundesrepublik Deutschland entspricht. Die größte west-östliche Ausdehnung beträgt 1350, die weiteste nord-südliche Entfernung 900 Kilometer. Der fehlende Zugang zum Meer sollte in der Auseinandersetzung Afghanistans mit Pakistan zwischen 1949 und 1979 einen wichtigen Nachteil darstellen, der immer wieder das afghanische Einlenken zur Folge hatte. Naturräumlich liegt Afghanistan an der Schwelle zwischen dem altweltlichen Trockengürtel, den zentralasiatischen Steppenlandschaften und dem vom Monsun beeinflussten Südasien. Die naturräumliche Gliederung Afghanistans wird durch den Hindukusch dominiert, ein Gebirge, das bis zu 7000 Meter hohe Berge aufweist und sich vom Pamir in südwestlicher Richtung durch das gesamte Land erstreckt. Mit abnehmender Höhe fächert sich der Hindukusch in verschiedene Gebirgsketten auf, die in Westafghanistan in das iranische Hochplateau übergehen. Die südöstlichsten Ausläufer des Hindukusch finden sich im afghanisch-pakistanischen Grenzgebiet. Diese Region gilt bis heute als besonders unzugänglich. Hier findet sich auch der legendäre Khyber-Pass, der für zahlreiche Völkerwanderungen das Tor nach Indien darstellte und im 19. Jahrhundert zum Symbol der Auseinandersetzungen zwischen Britisch-Indien und Afghanistan wurde. Im Norden fallen die Ausläufer des Hindukusch abrupt in die breite Flussebene des Amu Darya ab, der die Nordgrenze Afghanistans bildet. Obwohl oder gerade weil der Hindukusch einen wirtschaftlichen Ungunstraum darstellt, bietet er unzählige ökologische Nischen, in denen sich eine besonders große Vielfalt an Sprachen, Religionen und kulturellen Eigenheiten bis heute erhalten konnte.

Sowohl im Norden des Landes als auch im Süden und Südwesten finden sich zudem weite Steppen- und Wüstenregionen, die große Teile der Landesfläche einnehmen und allenfalls saisonal für nomadische Viehzucht genutzt werden können. Die Verbreitung von Wüsten ist auf die geringen und von Jahr zu Jahr schwankenden Niederschläge zurückzuführen. Afghanistan wird häufig von lang anhaltenden Dürreperioden und Hungersnöten heimgesucht. Im Sommer herrscht besonders im Süden und Norden des Landes eine trockene Hitze mit extrem hohen Temperaturen; nur in den Hochgebirgstälern sind die Temperaturen angenehm. Der äußerste Osten Afghanistans (Jalalabad, Paktia) stellt klimatisch eine Ausnahme dar, da er noch von den Niederschlägen des indischen Monsuns erreicht wird. Im Winter dominiert in Afghanistan ein kaltes Klima, das besonders den Hochgebirgen starke Schneefälle beschert. Zentral- sowie Nordostafghanistan sind von November bis März aufgrund starker Schneefälle von der Außenwelt fast vollständig abgeschnitten. Dagegen werden die niedrig gelegenen Landesteile auch im Winter nur mit geringen Niederschlägen versorgt.

Der Großteil der Bevölkerung lebt in den wenigen landwirtschaftlichen Gunsträumen. Bei diesen handelt es sich um die Oasen und Täler der saisonal Wasser führenden Flüsse. Hieraus resultierte, dass sich Herrschaft bis ins 20. Jahrhundert hinein punktuell auf die fruchtbaren und ertragreichen Oasenregionen konzentrierte, während sich das übrige Land der Kontrolle entzog. Diese Konzentration ist einer der wesentlichen Gründe dafür, dass in dieser Region zwar immer wieder Großreiche entstanden, die sich von Persien bis tief nach Indien hinein erstreckten, aber *de facto* nur aus der Herrschaft über wenige Städte bestanden. Die Lage der wichtigsten Städte zeigt überdies ihre Bedeutung als Stationen an der Seidenstraße. So bildete Kandahar, auf halbem Weg zwischen Indien und Persien, eine Oase zwischen den schroffen südlichen Ausläufern des Hindukusch und Khorassan. Herat stellte den östlichen Außenposten der Kulturlandschaft Khorassan dar, an der frucht-

Geographie Afghanistans

baren Oase des Hari Rud gelegen, während Kabul, an der Handelsstraße zwischen Indien und Zentralasien gelegen, Ausgangs- oder Endpunkt der Überschreitung des Hauptkamms des Hindukusch war. Weitere wichtige Handelsorte entlang der Karawanenwege waren Balkh nördlich und Ghazni südlich des Hindukusch.

Die Gebirgigkeit des Landes war für die herrschaftliche Durchdringung stets ein wesentliches Hindernis. Bis heute bieten die Gebirge kaum kontrollierbare, labyrinthartige Rückzugsräume für oppositionelle Kräfte, aus denen jahrelang Guerillakrieg geführt werden kann. Dies spürten die Engländer im 19. Jahrhundert, die afghanische Regierung bis in die siebziger Jahre des 20. Jahrhunderts hinein, die Sowjets in den achtziger Jahren und die Koalition gegen den Terror seit Winter 2001/02. Ein weiteres Beispiel für den Barrierecharakter des Hindukusch ist, dass der Norden Afghanistans von Kabul aus in den Wintermonaten nur über Herat – also durch Umgehung des Hindukusch – erreicht werden konnte. Dies änderte sich erst im 20. Jahrhundert: 1933 entstand eine erste Straßenverbindung von Nordafghanistan nach Kabul, die jedoch nur temporär genutzt werden konnte. Erst mit der Fertigstellung des Salang-Tunnels 1964 wurde ein geregelter Winterverkehr möglich.

Kulturelle Vielfalt

In Afghanistan findet sich eine Vielzahl an Sprachen, Ethnien, Religionen und anderen kulturellen Mustern. Selbst der Islam, dem ungefähr 99 Prozent der 25 bis 30 Millionen Afghanen angehören, stellt keine einigende Klammer dar, sondern ist durch eine Vielzahl von heterogenen Strömungen und Eigenheiten gekennzeichnet. Neben der Mehrheit sunnitischer Muslime, die der hanafitischen Richtung folgen, gibt es eine beachtliche Anzahl an Zwölfer-Schiiten und Siebener-Schiiten (Ismailiten), die zusammen etwa 15 bis 30 Prozent der afghanischen Bevölkerung ausmachen. Wie viele Schiiten es genau gibt, vermag niemand zu sagen, da es ihnen ihr Glaube erlaubt, ihre Konfession zu verbergen *(taqiyah)*. Schiitische wie sunnitische Islamauffassungen durchmischen sich zudem gerade in ländlichen Gebieten stark mit vorislamischen oder animistischen Vorstellungen, die einer orthodoxen Auslegung entgegenstehen. So verbinden sich etwa im paschtunischen Stammesgürtel Süd- und Ostafghanistans islamische mit paschtunischen Ehren- und Rechtsvorstellungen, die aus vorislamischer Zeit stammen. Auch sind in Afghanistan sufistische Strömungen, die oftmals auf einen charismatischen Führer hin ausgerichtet sind, verbreitet, so etwa die Bruderschaften der Naqschbandia oder Qadiriya. In diesem Zusammenhang sind die *sayyeds*, die vorgeben, vom Propheten abzustammen, und für sich eine soziale Sonderstellung beanspruchen, sowie die *pirs* (alt), die häufig als spirituelle Führer verehrt werden, zu nennen. Den *sayyeds* und *pirs* fällt in der stark partikularen afghanischen Gesellschaft in Krisensituationen eine Schlüsselposition zu, da sie als Außenstehende in der Lage sind, ethnische, tribale und lokale Spaltungen zu überwinden und Koalitionen zu stiften. Viele Rebellionen gegen die britischen Kolonialherren und gegen die afghanische und pakistanische Regierung sowie die Mujahedin-Bewegungen im Krieg gegen die Sowjets und der Taliban führten Geistliche an. Islamistische Auffassungen, die versuchen, Modernisierung und orthodoxe Islamvorstellungen miteinander in Einklang zu bringen, stellen dagegen eine neuere Erscheinung dar: Sie entstanden in den sechziger Jahren im urbanen Milieu und stiegen erst im Zuge des Afghanistankriegs zu herrschenden Strömungen auf. Schließlich sind noch die nicht-muslimischen Gemeinschaften der Hindus und Sikhs zu nennen. Sie umfassen jeweils mehrere Tausend Menschen und leben bereits seit Jahrhunderten in den urbanen Zentren Ost- und Südafghanistans. Häufig verdienen sie ihren Lebensunterhalt mit Berufen wie Geldverleiher oder Goldhändler, die für Muslime als unehrenhaft gelten. Außerdem gab es in Städten wie Herat oder Kabul kleine Gemeinden von armenischen Christen und Juden, die jedoch im Verlauf des 20. Jahrhunderts auswanderten. In Kabul lebte 1999 nur noch ein einziger Jude.

In ähnlicher Weise wie auf religiöser Ebene ist das Land auch in sprachlicher Hinsicht äußerst mannigfaltig. In Afghanistan wurden insgesamt über dreißig verschiedene Sprachen nachgewiesen, die sich der indogermanischen, der altaischen, der semitischen und der drawidischen Sprachfamilie zuweisen lassen. Die wichtigsten und am weitesten verbreiteten Sprachen sind zum einen die *lingua franca* Dari, die afghanische Variante des Persischen, zum anderen Paschtu, die Sprache der Paschtunen. Weitere stark verbreitete Sprachen sind Usbekisch und Turkmenisch in Nordafghanistan und Belutschisch im Süden des Landes. Die höchste Sprachenvielfalt weist der Hindukusch auf. Hier wechselt häufig von Talschaft zu Talschaft die Sprache. Weit verbreitete Sprachen sind zudem durch eine Vielzahl an Idiomen gekennzeichnet: Innerhalb des Dari lässt sich beispielsweise zwischen dem Hazaragi, das in Zentralafghanistan gesprochen wird und mongolische Lehnworte aufweist, dem Khorassani, das in Westafghanistan verbreitet ist und Ähnlichkeit mit dem Persisch des nordöstlichen Iran hat, und verschiedenen Dari-Dialekten, die in Nord- und Ostafghanistan gesprochen werden, unterscheiden.

Auch in den Wirtschaftsformen weist Afghanistan eine hohe Vielfalt auf. In den Oasenräumen konnte sich eine bäuerliche Kultur etablieren, während sich in den Hochlandregionen und Wüsten nomadische Lebensweisen ausprägten: Ende der siebziger Jahre zählte Afghanistan zwischen 500 000 und 1,5 Millionen Nomaden, und heute noch ist Afghanistan eines der wenigen Länder, in denen Nomaden das Alltagsbild prägen. Die meisten Nomaden sind Paschtunen, wenngleich auch unter Turkmenen und Belutschen der Nomadismus weit verbreitet ist. Neben dieser ländlichen Kultur entstand im Laufe des 20. Jahrhunderts in den Städten eine moderne, urbane Kultur. Besonders Kabul war stark von Modernisierungstendenzen geprägt: Hier entwickelten sich erste Ansätze einer Industrialisierung sowie ein moderner Lebensstil, der stark von westlichen Ideen geprägt ist.

Ethnische Vielfalt

Diese kulturelle Vielfalt bedingt, dass in Afghanistan unzählige ethnische Gruppen existieren. Wenngleich außenstehende Betrachter dazu neigen, diese Gruppen zu den wesentlichen Identitätsbezügen der afghanischen Bevölkerung zu erheben, stellen Ethnien bis heute oftmals recht verschwommene Kategorien dar. Grenzen zwischen Ethnien sind häufig kaum zu ziehen, und vielen Afghanen ist nicht einmal der Name ihrer Ethnie bekannt, geschweige denn eine gemeinsame Identität. Auch stellen Afghanen in verschiedenen Situationen unterschiedliche ethnische Identitäten zur Schau. Daher ist es schwierig, zu berechnen, wie viele ethnische Gruppen es in Afghanistan gibt und wie umfangreich diese sind. Die Angaben schwanken zwischen 50 und 200. Zudem wurden niemals Volkszählungen durchgeführt, weshalb die Zahlenangaben für die einzelnen Ethnien mit großer Vorsicht zu genießen sind. Ein weiteres Problem ist, dass sich viele ethnische Gruppen räumlich nur schwer zuordnen lassen, da oftmals in einem Tal oder Landstrich eine ganze Reihe ethnischer Gruppen lebt. In der Überbetonung ethnischer Identitäten wird zudem leicht vergessen, dass für die meisten Afghanen lokale, tribale und familiäre Bezüge weitaus wichtiger sind als eine gemeinsame ethnische Identität. Afghanische Familien umfassen häufig mehr als zehn Kinder, die oft von verschiedenen Müttern stammen. Die Verheiratung der eigenen Kinder stellt in einem Land, in dem Abstammung als wichtigste persönliche Qualifikation angesehen wird, die Hauptstrategie für die Kontrolle politischer wie wirtschaftlicher Ressourcen dar. Dies hat aber auch zur Folge, dass stets die Söhne um die Erbfolge rivalisieren, was besonders die politischen Verhältnisse des 19. Jahrhunderts bestimmte.

Die Paschtunen bilden nicht nur die größte ethnische Gruppe (ungefähr 35–70 Prozent) in Afghanistan, sondern stellen die zahlenmäßig größte Stammesgesellschaft der Welt dar. Derzeit gibt es etwa 18–26 Millionen Paschtunen, die im südlichen und östlichen

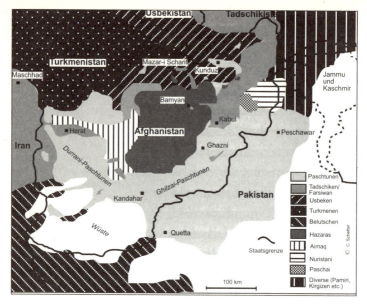

Ethnische Gruppen in Afghanistan und seinen Grenzgebieten. Die Karte kann nur einen groben Überblick über die Verteilung der wichtigsten ethnischen Gruppen geben. Die meisten Gebiete, wie etwa Nordafghanistan, sind ethnisch weitaus heterogener.

Afghanistan sowie im nordwestlichen Pakistan leben. Die Paschtunen sind überwiegend Sunniten und sprechen Paschtu, eine ostiranische Sprache, die jedoch vom Dari erheblich abweicht. Tribale Merkmale wie der Glaube an die gemeinsame Abstammung von dem Stammesvater Qais ʿAbdur Raschid, ein gemeinsamer Ehren- und Stammeskodex sowie eigene gesellschaftliche Organisationsformen (z. B. *jirga*) bilden eine einigende Klammer. In ihrem Selbstverständnis sehen sich die Paschtunen als die eigentlichen Afghanen. So ist im afghanischen Sprachgebrauch der Begriff «Afghane» ein Synonym für Paschtune. Das afghanische Königshaus, das bis 1747 zurückreicht, gehört den Stämmen der Sadozai und Mohammadzai aus der paschtunischen Stammeskonföderation der Durrani an. Bis zum Ausbruch des Afghanistankieges (1979) wurden die Paschtunen vom afghanischen Staat bevorzugt behandelt.

Die paschtunische Stammesgesellschaft

Die Paschtunen verzweigen sich in unzählige Stämme und Unterstämme. In Südafghanistan existieren mit den Durrani und in Ostafghanistan mit den Ghilzai Stammeskonföderationen, die mehrere der großen Stämme vereinen. Die paschtunische Gesellschaft ist – zumindest im Idealbild – durch Gleichheit und die individuelle Souveränität ihrer männlichen Mitglieder bestimmt. Dies führt dazu, dass kein Paschtune einen anderen über sich duldet, was immer wieder Anlass für Konflikte ist. Die *jirga* (Versammlung) stellt das wesentliche Forum dar, in dem Entscheidungen und Konfliktlösungen herbeigeführt werden. Hierbei handelt es sich um eine stark egalitär geprägte spontane Versammlung, an der alle betroffenen Männer eines Stammes teilnehmen, um ein bestimmtes Problem zu lösen. In der *jirga* wird im Konsensprinzip ein Ausgleich zwischen den Konfliktparteien gesucht. Da dies häufig schwierig ist, kann eine *jirga* mehrere Monate dauern.

Der ungeschriebene Ehren- und Rechtskodex, das *paschtunwali*, regelt das Zusammenleben der Paschtunen, wenngleich einzelne Inhalte von Stamm zu Stamm variieren und das *paschtunwali* im 20. Jahrhundert seinen zwingenden Charakter für die urbanen Paschtunen verlor. Der Grundgedanke des *paschtunwali* ist, dass die Existenz des Einzelnen, des Clans, des Stammes, ja aller Paschtunen ständig bedroht wird. Diese feindliche Weltsicht bildet die Folie, von der sich jeder männliche Paschtune durch bestimmte Verhaltensweisen positiv abheben muss. Besonders der Begriff der Ehre *(nang)* ist hier zu nennen. Jeder Paschtune ist bemüht, seine Ehre über den Schutz seines Besitzes zu wahren. Unter Besitz werden nicht allein materielle Güter, sondern auch der »weibliche Teil der Gemeinschaft« verstanden. Die Ehre eines Mannes ist also vom Verhalten seiner weiblichen Familienmitglieder abhängig und durch dieses auch verwundbar. Schon der Verdacht des Ehebruchs oder die Zurschaustellung von Weiblichkeit werden als Verletzungen der Ehre verstanden. Ist der betroffene Mann nicht in der Stande, die Ehre »seiner Frau zu schützen« und damit seine eigene Ehre und die seiner Solidargemeinschaft aufrecht zu erhalten. Wird eine Verletzung der moralischen Integrität vermutet, muss diese sanktioniert werden, was immer wieder in Akte der Blutrache mündet. Dennoch wäre es falsch, die Frau als rein passives Objekt zu betrachten, da sie die Ehr- und Männlichkeitsvorstellungen durch ihr eigenes Handeln selbst beeinflussen kann. Ein bekanntes paschtunisches Gedicht lautet:

Mein Geliebter ist besiegt aus der Schlacht heimgekehrt;
jetzt bedauere ich den Kuss, den ich ihm letzte Nacht gegeben habe.

Die nachgeordnete Stellung der Frau in der paschtunischen Gesellschaft basiert auf tribalen Wert- und Normvorstellungen und ist nicht islamischen Ursprungs. Überhaupt kollidieren immer wieder

> paschtunische mit islamischen Vorstellungen, so etwa im Erbrecht und in der Gerichtsbarkeit, da der Islam die Blutrache verbietet. Auch steht der islamische Geistliche außerhalb der paschtunischen Stammesordnung.

Die Tadschiken stellen zahlenmäßig die zweitgrößte ethnische Gruppe dar und werden auf fünf bis neun Millionen Menschen geschätzt. Sie sind im ganzen Land zu finden, jedoch besonders stark in der Region Herat und in Nordostafghanistan. In Afghanistan wird der Begriff «Tadschike» für Menschen verwendet, die sich keiner ethnischen Gruppe zuordnen lassen: Er bedeutet also Nicht-Paschtune, Nicht-Hazara. Tadschike zu sein beinhaltet eine anti-ethnische Ausrichtung *per se*. Es handelt sich bei den Tadschiken um eine Restkategorie, unter der alle sunnitischen, Persisch sprechenden Einwohner zusammengefasst werden. Die Tadschiken stellen in Afghanistan einen Großteil der Intelligenzija und bestimmten bis zum Krieg das Wirtschaftsleben. Auch werden die Farsiwan und Aimaq häufig mit den Tadschiken gleichgesetzt. Der Begriff «Farsiwan», der in vielen Teilen Afghanistans synonym für Tadschike verwendet wird, wird in Westafghanistan exklusiv für die schiitischen Persischsprecher benutzt. «Aimaq» ist ein Oberbegriff für verschiedene Ethnien, die in den gebirgigen Regionen Westafghanistans leben und ungefähr eine Million Menschen umfassen. Die Aimaq unterteilen sich in die Chahar Aimaq (die vier Aimaq) und die Aimaqi digar (die anderen Aimaq), die sich wiederum in verschiedene Gruppen verästeln. Neben der gemeinsamen Sprache, dem Khorassan-Persisch, und der sunnitischen Konfession bildet tribale Abstammung die wesentliche Grundlage für die Identität der Aimaq.

Die Hazaras werden über ihr turko-mongoloides Aussehen, ihre schiitische Konfessionszugehörigkeit (Zwölfer-Schia) und ihre Sprache (Hazaragi), ein Idiom des Persischen mit mongolischem Einschlag, abgegrenzt. Überdies ist für die Definition der Hazaras bedeutend, dass diese bis in die 1950er Jahre konzentriert in Zentralafghanistan, dem sog. Hazarajat, lebten. Die Hazaras stellen in Afghanistan die am stärksten benachteiligte und ausgegrenzte Gruppe dar und wurden immer wieder als Abkömmlinge der Mongolen bezeichnet. Die Angehörigen der Hazaras wurden vor Ausbruch des Kriegs ungefähr auf eine Million Menschen geschätzt.

Jüngere, von Hazaras publizierte Schätzungen gehen allerdings von vier bis sieben Millionen aus. Das Argument für diese Angaben lautet, dass viele Hazaras ihre eigentliche Identität aufgrund der repressiven Politik aller afghanischen Regierungen verbergen und sich als Tadschike, Uzbeke oder Paschtune ausgeben.

Eine weitere schiitische Ethnie stellen die Qizilbasch dar, was türkisch ist und sich mit «Rotköpfe» übersetzen lässt. Bei den Qizilbasch handelt es sich um die Nachkommen von Turkstämmen aus Azerbaijan, die im 18. Jahrhundert vom persischen Herrscher Nader Schah als Besatzungstruppen in afghanischen Städten eingesetzt wurden. Sie sind imamitische Schiiten, sprechen Persisch und leben in den urbanen Zentren Afghanistans. Seit dem ausgehenden 18. Jahrhundert finden sich Qizilbasch in Schlüsselpositionen der afghanischen Verwaltung.

Die Usbeken sind Sunniten und sprechen das zentraltürkische Idiom Usbaki. Sie leben vor allem im Norden Afghanistans. Die Angaben über ihre Anzahl in Afghanistan schwanken zwischen 1,5 und 2,5 Millionen Personen. Daneben finden sich in Nordafghanistan ca. 500 000 Turkmenen, die ebenfalls Sunniten sind, über eine Stammesorganisation verfügen und eine südwesttürkische Sprache sprechen, die dem Türkischen recht verwandt ist, aber vom Usbekischen abweicht. Viele Usbeken und Turkmenen, aber auch Tadschiken sind erst in den zwanziger Jahren im Zuge der Sowjetisierung Zentralasiens nach Afghanistan eingewandert. Diese Einwanderer bezeichnen sich bis heute als *muhajerin* (Flüchtling). Im Südwesten des Landes, besonders entlang des Helmand, leben mehrere Hunderttausend Belutschen. Ähnlich wie die Paschtunen und Turkmenen sind auch sie in Stämmen organisiert. Die Sprache der Belutschen, das Belutschi, eine nordwestiranische Sprache, ist dem Dari verwandt.

Besonders der Hindukusch beherbergt eine Vielzahl von Ethnien. Unter dem Begriff Nuristani werden verschiedene Ethnien, die an der südlichen Abdachung des Hindukusch leben, zusammengefasst, obgleich sie verschiedene indo-arische Sprachen sprechen. Nuristani bedeutet «Bewohner des Landes des Lichtes». Diese Bezeichnung verweist auf die spät erfolgte Zwangsislamisierung durch den afghanischen Herrscher 'Abdur Rahman 1895/96. Zuvor wurde diese Region Kafiristan, «Land der Ungläubigen», genannt, da die Einwohner vorislamischen Religionen anhingen. Kafiristan gelangte zu einem gewissen Bekanntheitsgrad durch Rudyard Kiplings Novelle «Der Mann, der König sein wollte», in der es zu einer der letzten Terrae incognitae des ausgehenden 19. Jahrhunderts stilisiert wird. Südwestlich der Nuristani leben die Paschai, die nach der gleichnamigen indo-arischen Sprache benannt werden. Für sie wird auch die persische Bezeichnung Kohistani (Bergbewohner) verwendet. Die Nuristani wie die Paschai werden jeweils auf 100 000 bis 200 000 Menschen geschätzt. Nördlich der Nuristani wird der Hindukusch von Lokalgruppen bewohnt, die unterschiedliche nordostiranische Sprachen sprechen und überwiegend dem ismailitischen Glauben angehören. Als Oberbegriff für diese Ethnien hat sich der Terminus Berg-Tadschiken eingebürgert. Schließlich sind noch die Kirgisen zu nennen, die östlich der Berg-Tadschiken im Wakhan-Korridor lebten und turksprachige Sunniten sind. 1978 verließen sie Afghanistan und wanderten über Pakistan in die Türkei aus, wo sie sich in der Nähe des Van-Sees ansiedelten.

Weitere Ethnien sind Araber, Kasaken, Tataren und Mogol in Nordafghanistan, Brahui und Jat in Südafghanistan, Gujar in Ostafghanistan sowie die bereits erwähnten Hindus und Sikhs, die in ost- und südafghanischen Städten leben.

2. Griechen und Nomaden

(6. Jahrhundert v. Chr. bis 6. Jahrhundert n. Chr.)

In der westlichen Geschichtsschreibung wird Afghanistan als militärisches und wirtschaftliches «Durchgangsland», «Highway of Conquest» oder «Crossroad of the Conquerors» beschrieben. Besonders die Geschichte bis zum 16. Jahrhundert ist dadurch geprägt, dass immer wieder Völker von Zentralasien in die Region des heutigen Afghanistan einfielen und häufig von hier auf den indischen Subkontinent weiterzogen bzw. abgedrängt wurden. Reiche entstanden, die selten mehr als wenige Generationen währten und häufig durch die Ankunft eines neuen Nomadenvolks wieder zerstört wurden. Erstaunlich ist die Ausdehnung, die viele dieser Imperien hatten, reichten sie doch oft von den Steppen Zentralasiens bis in die Gangesebene.

Spurensuche in der Antike

Seinen Ruf als Durchgangsland erwarb sich das heutige Afghanistan bereits in der zweiten Hälfte des 2. Jahrtausends, als die Indoarier vom iranischen Plateau und Baktrien aus über den Khyber-Pass nach Südasien einfielen. Wo die Heimat der Indoarier, das Arya Vesta, das im Rigweda genannt wird, bzw. das Airyanam Veadscho, das sich im zoroastrischen Awesta findet, liegt, ist bis heute ungewiss. Im Bemühen, eine besonders tief schürfende Nationalgeschichte vorzuweisen, sieht die afghanische Geschichtsschreibung die Heimat der Arier im nordafghanischen Baktrien. Gerade das sagenumwobene Baktrien diente immer wieder als Schauplatz der antiken Geschichtsschreibung, wie etwa in Herodots Historien, dem ersten Geschichtswerk der Antike aus dem 6. Jahrhundert v. Chr., und in Erzählungen wie dem weltberühmten «Buch der Könige» *(schah nameh)*, das Ferdousi Anfang des 11. Jahrhunderts verfasste.

Mit der antiken Geschichtsschreibung erfahren wir erstmals etwas über die Region des heutigen Afghanistan. Herodot berichtet, dass Kyros der Große, der Gründer der persischen Achämeniden-Dynastie, im 6. Jahrhundert v. Chr. das Perserreich von der Stammregion im südpersischen Fars nach Osten hin ausdehnte. Sein Nachfolger, Darius der Große, errichtete im Osten seines Reiches verschiedene Satrapien, die auch das heutige Afghanistan umfassten. Das Achämenidenreich stieg zu einem der ersten Weltreiche auf; umfasste es doch ein Gebiet, das sich von der Küste der Ägäis und den Ufern des Nils bis zum Fuße des Himalaya erstreckte. Sofern die Herrscher der einzelnen Satrapien sich ruhig verhielten und ihre Abgaben an die Zentrale leisteten, blieben sie von den achämenidischen Herrschern unbehelligt. Diese lockere Anbindung hatte zur Folge, dass die weit entfernt liegenden Satrapien wie etwa diejenigen am Hindukusch nur sehr locker in das achämenidische Reich eingegliedert waren. Unter den Achämeniden stieg der Zoroastrismus zur «Staatsreligion» auf, der die altpersischen Götter, die mit dem indischen Pantheon verwandt waren, verdrängte. Dennoch ist bis heute ungeklärt, ob die achämenidischen Herrscher selbst Zoroastrier waren oder altiranische Götter verehrten.

Zarathustra und der Zoroastrismus

Der Zoroastrismus wurde von Zarathustra begründet. Obgleich wir über das Leben Zarathustras wenig wissen, wird doch angenommen, dass er in Baktrien, dem heutigen nordafghanischen Balkh, um 630 v. Chr. geboren wurde und hier um 553 v. Chr. gestorben ist. Im Zoroastrismus wird Ahura Masdah, der »Allweise Herr«, verehrt. Bekannt wurde diese Religion vor allem durch die »Türme des Schweigens«. Diese Türme wurden auf Bergen errichtet, um die Toten aufzubahren und den Aasvögeln zu überlassen. Wesentliche Quelle zu Zarathustra ist die Awesta, das heilige Buch der Zoroastrier, das aus mündlich tradierten Überlieferungen in der ersten Hälfte des 1. Jahrhunderts n. Chr. schriftlich fixiert wurde. Noch heute gibt es etwa 100 000 bis 300 000 Zoroastrier, die vor allem in Indien (Parsen) und Iran leben. Die Gestalt Zarathustras beflügelte immer wieder die Phantasie seiner Nachwelt. So fand er in griechischen Überlieferungen, etwa bei Platon, Erwähnung und gilt als Lehrer des Pythagoras. In Mozarts Zauberflöte wird Zarathustra zum Zauberer Sarastro, und Goethe beschäftigt sich mit Zarathustra in seinem »West-östlichen Diwan«. Die größte Bedeutung erlangte er jedoch in »Also sprach Zarathustra«, wo Nietzsche den Propheten als Widerchrist umdeutete.

Das Perserreich, das bereits durch die griechisch-persischen Kriege im 5. Jahrhundert an seine Grenzen gestoßen war, fegte Alexander der Große in der zweiten Hälfte des 4. Jahrhunderts hinweg. 331 v. Chr. besiegte er Darius III. in der Schlacht von Gaugamela und begann seinen Marsch nach Osten. In den Jahren 330–328 durchzog er mit seiner Streitmacht das Gebiet des heutigen Afghanistan. Hier gründete er Städte wie Alexandria Ariana in der Nähe Herats, Alexandria Archosia östlich von Kandahar und Alexandria ad Caucasum, das heutige Charikhar nördlich Kabuls. 328 überquerte Alexander den Oxus und drang über Samarkand bis zum Jaxartes (Syr Darya) vor, wo er Alexandria Eschate, Alexandria am Ende der Welt, gründete. Begleitet war sein Marsch von unzähligen Kämpfen gegen unbotmäßige Satrapen sowie Kämpfe gegen Nomaden- und Bergvölker. Schillernder Höhepunkt seines Feldzugs war die Vermählung mit der baktrischen Prinzessin Roxane. 326 marschierte Alexander entlang des Kabul- und des Kunarflusses nach Süden. Aufgrund der zunehmenden Kriegs- und Entdeckungsmüdigkeit seiner Soldaten schiffte er seine Truppen am Indus ein und kehrte zurück nach Babylon, wo er 323 v. Chr. starb.

Gräko-baktrische Reiche

Im Unterschied zu vielen Feldzügen, die kaum Spuren in den eroberten Gebieten hinterlassen haben, hatte der Feldzug Alexanders des Großen zur Folge, dass sich die griechische Kultur in dem Gebiet zwischen Indus und Oxus (Amu Darya) ausbreitete. Dies ist besonders durch Münzfunde mit griechischen Inschriften, griechische Namen der Herrscher wie auch im Einfluss griechischer Stilelemente in der Kunst der folgenden Reiche belegt. So erblickten britische Forscher des 19. Jahrhunderts in den Kafiren (Nuristani) die direkten Nachkommen von Alexanders griechischen Heerscharen.

Das Reich Alexanders wurde unter seinen Diadochen aufgeteilt. In der Folgezeit erschütterten Ränkespiele, Revolten und Kämpfe immer wieder die östlichen Satrapien. Erst Seleukos I. Nikator, Begründer der Seleukiden-Dynastie, gelang es gegen Ende des 4. Jahrhunderts v. Chr. kurzfristig, die Ostprovinzen wieder mit dem Alexanderreich zu vereinen. 304/05 strebte er gar an, das Seleukidenreich im Osten weiter auszudehnen, und unternahm einen Feldzug gegen das neu entstandene Maurya-Reich in Nordindien. Jedoch scheiterte dieses Unternehmen und hatte zur Folge, dass Chandra Gupta (322–300), der Begründer der Maurya-Dynastie, seinerseits die Satrapien südlich des Hindukusch eroberte. Unter Aschoka aus der Maurya Dynastie erlebte Indien eine seiner ersten Blütezeiten und stieg der Buddhismus zur herrschenden Religion auf. Auch in den ehemaligen persischen Satrapien südlich des Hindukusch gewann der Buddhismus nun an Bedeutung.

Seleukos Nikators Sohn, Antiochos, vermochte es Anfang des 3. Jahrhunderts v. Chr. zunächst als Mitregent seines Vater, Baktrien als die letzte östliche verbliebene Satrapie an das Seleukidenreich zu binden und Einfälle kriegerischer Nomaden aus Zentralasien abzuwehren. Mit der völligen Machtübernahme Antiochos' I. wandte sich dieser den Ereignissen in Kleinasien zu, so dass der seleukidischen Herrschaft in Baktrien mit dem Einfall der nomadischen Parther aus Zentralasien ein jähes Ende gesetzt wurde. Das Reich der Parther etablierte sich in Persien und schob sich wie ein Keil zwischen die Seleukiden im Westen und die ehemalige Satrapie Baktrien im Osten. Mitte des 3. Jahrhunderts v. Chr. schuf der ehemalige seleukidische Satrap Diodotos in Baktrien ein eigenständiges Reich, das sagenumwobene gräko-baktrische Königreich. Hierbei handelte es sich um ein griechisches Inselreich inmitten Zentralasiens, das fast zwei Jahrhunderte Bestand hatte. Wenngleich dieses Königreich bei den antiken Schriftstellern kaum Erwähnung findet, so zeugen prächtige Münzen (vor allem aus dem Kunduz-Schatz) sowie Ausgrabungen wie die in Ai Khanum, einer gräko-baktrischen Stadt in der heutigen Provinz Taluqan, von dem wirtschaftlichen Wohlstrand und der kulturellen Blüte dieses Reiches. Die gräko-baktrischen Herrscher eroberten zwischen 190 und 170 v. Chr. die Provinzen südlich des Hindukusch, die einst Nekator verloren hatte, von den Nachfolgern Aschokas zurück und drangen über den Punjab bis nach Pataliputra (Patna) in Westbengalen, der Hauptstadt der Maurya-Dynastie, vor. Jedoch blieb das gräko-baktrische Reich von internen Querelen nicht verschont. So brachte seit dem ausgehenden 3. Jahrhundert (208 v. Chr.) die Dynastie des Eukradites Baktrien unter ihre Kontrolle. Südlich des Hindukusch etablierte sich in Gandahara – der Region um Peschawar – ein griechisches Reich mit Puschkalawati und später Taxila als Hauptstadt. Hier rivalisierte die Dynastie des Eukratides mit der des Euthydemos. Unter den Königen des südlichen Reichs war Menander, der um 155 v. Chr. an die Macht kam, der bedeutendste und wurde besonders in buddhistischen Quellen positiv erwähnt. Diese außergewöhnlichen griechischen Reiche am Hindukusch erloschen mit dem Vordringen nomadischer Stämme aus Zentralasien.

Nomadeneinfälle

Die folgenden Jahrhunderte sind durch immer wiederkehrende Wellen eindringender nomadischer Reitervölker aus Zentralasien gekennzeichnet: zunächst der Saken (Skythen), dann der Yüe-tschi und Hephthaliten, später dann der Türken, Seltschuken, Chrorezm und Mongolen. Die Ursachen für diese Völkerwanderungen aus dem Osten sind vielschichtig. Zum einen hatte ein Klimawandel die Versteppung von Weiden in Zentralasien zur Folge, zum anderen war es den Chinesen unter anderem mit dem Bau der Chinesischen Mauer gelungen, die Nomadeneinfälle militärisch abzuwehren und damit den Nomaden die Weidegründe in Nordchina zu nehmen. Schließlich waren es die Hiung-nu (Hunnen), die zu Beginn des 2. Jahrhunderts v. Chr. in der Mongolei zu den «Herrschern der Steppe» aufstiegen und die Yüe-tschi (Tocharer), die südwestlich der Wüste Gobi ihre Weideareale hatten, vertrieben. Die Yüe-tschi brachen nach Westen auf und trieben ihrerseits die Saken (Skythen) vor sich her. Die Folge war, dass Mitte des 2. Jahrhunderts mit den Saken und Yüe-tschi gleich zwei starke Nomadenvölker am Jaxartes standen und die gräko-baktrischen Reiche bedrohten.

Den Griechen in Baktrien gelang es zunächst, die Saken abzuwehren. Diese zogen über Ostpersien zum Unterlauf des Helmand-Flusses weiter. Der Name der heutigen Landschaft Sistan im afghanisch-persischen Grenzgebiet geht auf Sakistan (Land der Saken) zurück. In der damaligen Zeit muss diese Region recht dicht besiedelt und aufgrund eines dichten Netzes künstlicher Bewässerungsanlagen recht fruchtbar gewesen sein. Der Partherkönig Mithridates II. (124–88 v. Chr.) drängte die Saken nach Osten ab, wo sie Mitte des 1. Jahrhunderts v. Chr. die griechische Herrschaft zunächst in Arachosia (Ghazni und Kandahar) und am Indus und schließlich im Kabultal und Ghandara beendeten. Die Herrschaft der Saken währte nicht lange. Von Westen her wurde ihr Reich sukzessiv vom Partherreich geschwächt, während vom Norden her die Yüe-tschi die

Saken in Bedrängnis brachten. Interessant ist, dass das Sakenreich Spuren in der christlichen Mythologie hinterließ. So erblickt eine christliche Legende im Saken-König Gondophares (26-46 n. Chr.) König Kaspar der Heiligen Drei Könige. Auch soll sich der Heilige Apostel Thomas an seinem Hof aufgehalten haben.

Parallel zur Wanderung der Saken brachen die Yüe-tschi von Norden her nach Baktrien ein und bereiteten dem gräko-baktrischen Reich ein Ende. Um die Wende vom 2. zum 1. Jahrhundert v. Chr. überschritten die Yüe-tschi, die in der Geographie des Ptolomaius als Tocharer bezeichnet werden, den Oxus und stießen nach Süden bis zu den Pässen des Hindukusch vor. Doch dauerte es bis zu Beginn der christlichen Zeitrechnung, dass die Yüe-tschi in das Kabultal einsickerten und schließlich unter Führung Kudschala Kadphises aus dem Stamm der Kuschan bis in den Punjab vorrückten. In der Folgezeit entstand mit dem Kuschanreich ein Herrschaftsgebiet, das sich vom Aralsee über Baktrien und Kaschgar bis nach Nordindien erstreckte und bis 227 n. Chr. Bestand hatte. Seine Blüte erlangte dieses Reich unter dem Nachfolger Kadphises, Kanischka (78-123 oder 144-173), der eine Vielzahl an Palästen, unter anderem nördlich Kabuls, erbauen ließ. Die wirtschaftliche Prosperität des Kuschanreiches wird mit der nomadischen Herkunft dieses Volkes und dem hiermit verbundenen Reichtum an Lasttieren erklärt. So verfügten die Kuschan über die Mittel, um im Großen Stil Handel zwischen China, Indien und Europa zu treiben. Es handelte sich um die erste Epoche, in der die Seidenstraße eine tragende Rolle als Handelsroute zwischen Ost und West spielte. Besonders im 1. und 2. Jahrhundert n. Chr., als das Römische Reich prosperierte, stieg das Kuschanreich zur Drehscheibe für Seide aus China, Elfenbein aus Indien und Glas aus Alexandria auf, wie vor allem der 1937 entdeckte Bagram-Schatz offenbart.

Die Religion der Kuschan mutet bizarr an: Neben zoroastrischen Gottheiten wurden auch Götter aus der römisch-hellenistischen Welt wie Herakles, Mithras und Serapis, aber auch aus dem Hinduismus wie Shiva verehrt. Damit nicht genug, breitete sich unter der Kuschan-Herrschaft der Buddhismus entlang der Handelswege von Indien über Baktrien und das Tarim-Becken nach China aus – wohl eine der wichtigsten Ereignisse in der Religionsgeschichte überhaupt. Einhergehend mit diesem synkretistischen Pantheon entstand die Kunst von Gandhara, ein Potpourri aus hellenistischen, römischen, parthischen, sassanidischen und indischen Stilelementen. Auf die griechischen und römischen Einflüsse auf die Gandhara-Kunst ist es wohl zurückzuführen, dass Buddha erstmals bildlich dargestellt wurde. Aus diesen Zeiten stammen auch die Höhlenklöster und Buddha-Statuen bei Bamyan, das an der Kreuzung zweier wichtiger Karawanenwege gelegen war. Die zwei Statuen (35 und 53 Meter hoch) galten als die größten Buddhaskulpturen der Welt. Wenn man dem chinesischen Reisenden Hsüan-Tsang Glauben schenken mag, waren sie nicht nur bemalt, sondern sogar vergoldet. Die Statuen erlebten eine traurige Bekanntheit, als sie am 10. März 2001 von den Bilderstürmern der Taliban zerstört wurden.

Im Laufe der ersten Hälfte des 3. Jahrhunderts setzte der Niedergang des Kuschanreiches ein. Vor allem die Eroberung der westlichen Provinzen durch die aufstrebende persische Dynastie der Sassaniden besiegelte sein Ende. Der Gründer der Sassaniden-Dynastie, Ardaschir I., besiegte 224 den Parther-König Ardavan V. und stieg zum Herrscher über Persien auf. Wie wir aus der Inschrift des Sassaniden-Herrschers Schapur I. (240–272) in Naqsch-i Rustam bei Persepolis erfahren, gelang es den Sassaniden, zunächst Baktrien und das Kabultal und schließlich auch Gandhara zu erobern und das Kuschan-Reich aufzulösen. Bis in das Jahr 360 sind sassanidische Statthalter für diese Region auf Münzen bezeugt, während sie schriftlich kaum Erwähnung fanden.

Im 4. Jahrhundert trat erneut ein Nomadenvolk, die Hiung-nu, die einst die Mongolei beherrscht und andere Nomadenvölker abgedrängt hatten, den Weg nach Westen an. Diese waren aus der Gegend nördlich des Baikal-Sees vertrieben worden und in verschiedenen Wellen nach Mittelasien eingesickert. Während sich eine erste Welle dieser neuen Eindringlinge, die als Chioniten bezeichnet wurden, nach Süden wendete und in das Sassanidenreich einfiel, drangen andere Gruppen über die südrussische Ebene nach Europa vor, wo sie als Hunnen bekannt wurden. Obgleich die Sassaniden die erste Welle dieser Eindringlinge noch abwehren konnten, gelang es bereits der zweiten Welle, den Kidariten, Baktrien bis nach Gandhara zu erobern. Doch bereits zu Anfang des 5. Jahrhunderts wurden die Kidariten von der nächsten Welle nomadischer Eindringlinge, den Hephthaliten, in den Punjab abgedrängt. Die Hephthaliten dehnten um 510 unter ihrem Führer Toramana ihre Herrschaft zeitweise über Nordindien aus, wo sie als Huna bekannt wurden. Das Gebiet des heutigen Afghanistan wurde in der Folgezeit von verschiedenen hunnischen Führern beherrscht. Aus der zweiten Hälfte des 6. Jahrhunderts ist allein bekannt, dass die Huna-Könige Lakhana und Khingila in Kabul oder Gardez ihren Regierungssitz hatten. Insgesamt sind unsere Informationen über die Hephthaliten spärlich. Nicht einmal ihre Sprache ist bekannt. Die Herrschaft der Hephthaliten wurde, wie so viele Reiche zuvor, durch neue Eindringlinge aus den Steppen Zentralasiens beendet. Diesmal waren es die Türken, die Mitte des 6. Jahrhundert von Osten her vordrangen.

3. Die Ausbreitung des Islam und der Sturm der Mongolen

(7. bis 17. Jahrhundert)

Waren in den vergangenen Jahrhunderten Eroberungszüge vor allem aus den zentralasiatischen Steppen vorgetragen worden, so bedeutete die arabische Eroberung Persiens und Zentralasiens von Südwesten her eine tiefgreifende Wende. Der Islam verbreitete sich in rasantem Tempo in der gesamten Region, und arabische Einflüsse (v. a. Schrift und Sprache) prägen sie nachhaltig. Bis zum verheerenden Mongolensturm Anfang des 13. Jahrhunderts lösten sich die islamischen Dynastien der Taheriden, Saffariden, Samaniden, Ghaznawiden und Ghoriden ab, die jedoch selten mehrere Generationen überdauerten. Unter diesen Dynastien gewannen Oasenstädte wie Balkh, Herat, Ghazni und Kandahar als Stationen an der Seidenstraße eine wichtige Bedeutung.

Islamische Reichsgründungen

Arabische Invasoren, beflügelt von dem Glauben, den Islam in die Welt hinauszutragen, drangen seit Mitte des 7. Jahrhunderts aus dem mesopotamischen Tiefland auf das iranische Plateau vor. In der Schlacht von Nihawend setzten die Araber der persischen Sassaniden-Dynastie 642 ein Ende. 649 erreichten die arabischen Truppen Khorassan und Sistan und dehnten in der zweiten Hälfte des 7. Jahrhunderts ihre Macht in nordöstliche Richtung über den Oxus bis nach Samarkand aus. Mit den Arabern kam der Islam, der sich schnell als neue Religion durchsetzte. Dagegen blieb die Region südlich des Hindukusch von den arabischen Eroberungszügen verschont und damit für die kommenden zwei Jahrhunderte von islamischem Einfluss nahezu unberührt. Den arabischen Kalifen der Omayaden- und Abbasiden-Dynastien ging es jedoch nicht um eine herrschaftliche Durchdringung ihres Reiches, das zeitweise von Südspanien bis nach Transoxanien reichte. Daher setzten sie vom fernen Bagdad aus Statthalter in Khorassan ein, die recht eigenständig herrschten. Auf diese Weise gelangte die persische Tahiriden-Dynastie zu Anfang des 9. Jahrhunderts in Khorassan zur Statthalterschaft Bagdads. Khorassan entwickelte sich in der Folgezeit zu einem erblichen Reich der Tahiriden mit Nischapur im heutigen Iran als Hauptstadt. Unter den Tahiriden wurde erstmals die persische Sprache in arabischer Schrift für literarische Zwecke verwendet und der Grundstein dafür gelegt, dass in Iran und Afghanistan Persisch mit arabischen Schriftzeichen geschrieben wird.

Jedoch währte die Herrschaft der Tahiriden nur kurz. So entstand in Sistan eine erste autochthone islamische Reichsgründung in dieser Region, das Reich der Saffariden, das der Sohn eines Kupferschmieds, Ya'qub Laithus Saffar, 867 errichtete und das bis Anfang des 10. Jahrhunderts Bestand hatte. Ya'qub stürzte nicht nur die Tahiriden, sondern verleibte seinem Reich Khorassan und die südpersischen Provinzen Kerman und Fars ein. Im Gebiet des heutigen Afghanistan setzte er sich für die Verbreitung des Islam ein. Nachdem sein Versuch, Bagdad einzunehmen, gescheitert war, starb er 876. Obgleich sein Sohn Amr b. al-Laith es über 20 Jahre vermochte, dieses Imperium aufrecht zu erhalten, wurde er 900 von einer neuen aufstrebenden Macht, den Samaniden, geschlagen. In Sistan konnte sich die Saffariden-Dynastie noch mehrere Jahrzehnte an der Macht halten.

Die iranische Dynastie der Samaniden, die aus Balkh stammte, errichtete eine Herrschaft über ganz Mittelasien, die auch den Norden des heutigen Afghanistan umfasste. Die Samaniden verlegten ihre Hauptstadt von Nischapur nach Bukhara. Dies war ein bedeutender Schritt, da nun nicht mehr Khorassan, sondern Transoxanien zum Zentrum der Herrschaft avancierte. Bemerkenswert sind vor allem die religiösen Einflüsse, die die Samaniden hinterließen. So konnte der sunnitische Islam in strenger orthodoxer Form in Mittelasien Fuß fassen. Obgleich Arabisch die Amtssprache war, stieg unter den Samaniden Persisch zur Sprache der zentralasiatischen Dichter wie Rudaki auf. Die Auseinandersetzungen der Samaniden mit den heidnischen Türken, die von Osten her immer wieder nach Transoxanien einfielen, hatten zur Folge, dass am Hof von Bukhara türkische Sklavenoffiziere an Bedeutung gewannen. Der bekannteste unter ihnen war Alptigin, der unter Emir 'Abdul-Malik I. b. Nuh zum militärischen Oberbefehlshaber Khorassans aufstieg. Da sich Alptigin mit ʿAbd al-Maliks Nachfolger überwarf, zog er sich an die Südgrenze des Reiches, die entlang des Hindukusch verlief, zurück. In dieser Region, die bislang von islamischen Einflüssen unberührt geblieben war, konnte er sich durch die Ausrufung des Heiligen Kriegs gegen die Hindus einen Namen machen. Hier gründete er 962 ein halbautonomes Reich mit Ghazni als Hauptstadt. Aus diesem entwickelte sich unter Sebüktegin, einem der Nachfolger Alptigins, das Ghaznawiden-Reich. Sebüktegin betrachtete sich immer noch als Vasall des Samaniden-Emirs. Jedoch tugen die Samaniden der Stärke Sebüktegins Rechnung, indem sie ihm die Statthalterschaft über weite Regionen des heutigen Afghanistan übertrugen; seinem Sohn und Nachfolger Mahmud vertrauten sie zudem das Oberkommando über Khorassan an. Mahmud sagte sich 999 von den Samaniden los. Gleichzeitig setzten die türkischen Karachaniden, die bereits zum Islam übergetreten waren, der Herrschaft der Samaniden ein Ende. Der Oxus wurde als Grenze zwischen beiden Reichen festgelegt. Das Reich der Ghaznawiden erstreckte sich nun von Khorassan bis zum Ganges. Beutezüge nach Indien begründeten den Reichtum und die kulturelle Blüte des Ghanznawiden-Reiches. Auch setzte Mahmud die samanidische Tradition der Förderung der persischen Kultur fort. Über 400 Dichter und Gelehrte sollen sich an Mahmuds Hof aufgehalten haben; unter ihnen der persische Literat Ferdousi, der im Auftrag Mahmuds das «Buch der Könige» verfasste, und al-Biruni, einer der berühmtesten Naturwissenschaftler seiner Zeit. Parallel stieg Ghazni zu einer überregional bedeutenden Stadt auf, in der prächtige Paläste, Moscheen und sogar die erste islamische Universität (Medrese) entstanden. Kunsthistorisch bedeutsam sind der Palast in Laschkargah und die Medrese von Ghazni, da sie die frühesten Beispiele von Vieriwanhöfen darstellen, ein Bautypus, der sich später in der islamischen Welt durchsetzte. Seit dem ausgehenden 10. Jahrhundert lauerten jedoch neue Eindringlinge. Die Seljuken drangen vom Unterlauf des Syr Darya nach Süden vor. Mahmud gestattete ihnen zwar, sich diesseits des Amu Darya anzusiedeln. Jedoch konnten sich die Ghaznawiden der zunehmend mächtiger werdenden Seljuken kaum noch erwehren. 1040/41 schlugen die Seljuken schließlich Masʿud, den Sohn Mahmuds, vernichtend bei Merw. Die Folge war, dass die Ghaznawiden ihr Interesse nach Indien lenkten und ihr Machtzentrum nach Lahore verlegten.

Den endgültigen Niedergang der Ghaznawiden besiegelten die Ghoriden, benannt nach einer gebirgigen Region östlich Herats. 'Izz al-din Husain ist der erste Ghoride, der als Vasall des seljukischen Sultans Sanjar (1131-1157) Macht erlangte. Bereits Mitte des 11. Jahrhunderts wendete sich der Ghoride 'Alaud-Din Husain, auch genannt der «Weltverbrenner», gegen die Ghaznawiden, um die Ermordung seiner beiden Brüder durch den Ghaznawiden Bahram Schah zu rächen. 1150-1151 nahmen die Ghoriden Ghazni ein und zerstörten die Stadt bis auf ihre Grundmauern. Das Ghoridenreich, das nun entstand, reichte bis nach Bihar in Nordindien. Jedoch verlegten die Ghoriden ihre Hauptstadt nicht in eines der großen Machtzentren, sondern regierten ihr Reich von der Felsenburg Firuzkuh am Hari Rud aus. Wichtigste Hinterlassenschaft der Ghoriden ist das Minarett des Ghiyathud-Din Mohammad b. Sam (1162-1202) bei Firuzkuh östlich von Herat, das erst 1957 entdeckt wurde. Mohammad b. Sam, dehnte das Ghoridenreich nicht nur nach Westen über Khorassan hinaus aus, sondern eroberte auch Nordindien. Hier schlugen seine Truppen 1192 bei Tarain das vereinte Heer der nordindischen Könige und drangen unter Führung türkischer Sklavenoffiziere bis nach Bengalen vor. Im Gegensatz zu den Feldzügen der Ghaznawiden, die nur dem Beutemachen dienten, setzten die Ghoriden türkische Sklavenoffiziere in Nordindien ein, die den Islam mit sich brachten. Das Ghoridenreich nahm daher eine herausragende Rolle als Brückenkopf für die Ausbreitung des Islam in Indien ein. Die Macht der Ghoriden schwand jedoch bereits zu Beginn des 13. Jahrhunderts. Schehabud-Din Mohammad, der Nachfolger von Mohammad Sam, wurde im Norden von einem Nomadenvolk, den Chorezm, besiegt und 1206 ermordet. Die Chorezm eroberten Herat und unterwarfen 1210 Ghor. Im Süden des Reiches verkündeten dagegen die türkischen Statthalter, Yuldoz in Ghazni und Aybeg in Delhi, ihre Unabhängigkeit und gründeten eigene Reiche.

Verwüstungszüge der Mongolen

Mit dem Niedergang der Ghoriden verlor das Gebiet des heutigen Afghanistan – mit Ausnahme des Timuridenreichs in Herat – als Zentrum überregionaler Herrschaft für die kommenden 500 Jahre jede Bedeutung. Es entstand ein herrschaftsloser Raum, in dem sich die Macht auf lokaler Ebene konzentrierte.

Für den weiteren Gang der Geschichte schicksalhaft war das Auftreten Dschingis Khans. Hatte in den vergangenen Jahrhunderten nahezu gleichförmig eine Dynastie die andere abgelöst, bedeutete der Mongolensturm eine nachhaltige Zäsur. Das Mongolenreich, das Dschingis Khan schuf, erstreckte sich von der chinesischen Küste bis zum Kaspischen Meer. Die Eroberungszüge der «Geißel Gottes» oder der «sengenden Sonne Satans», wie sich Dschingis Khan selbst tituliert haben soll, glichen Vernichtungszügen. Städte, Oasen und ganze Landstriche wurden eingeäschert. Vielerorts wurde die gesamte Bevölkerung ausgerottet, die kampffähigen Männer wurden für die Kriegsmaschinerie des Dschingis Khan versklavt. Ganze Regionen benötigten Jahrhunderte, um sich von der mongolischen Zerstörungswut wieder zu erholen. Wesentliche Grundlage für die Erfolge der Mongolen war ein ausgeklügeltes Botensystem und Spionagenetz. 1220 nahm Dschingis Khan Bukhara, die Hauptstadt der Chorezm, ein. Im Frühjahr 1221 überquerte er den Amu Darya, um dem fliehenden Khorezm-Herrscher Jalalud-Din hinterherzujagen. Im gleichen Jahr drang er über den Hindukusch vor und besiegte Jalalud-Din, der sich durch einen Sprung in die Wogen des Indus retten konnte. Während seiner Eroberungszüge äscherte Dschingis Khan auf dem Boden des heutigen Afghanistan die damals bedeutendsten Städte Ghazni, Herat und Balkh ein. Dschingis Khan starb 1227 als 72-jähriger Mann. Sein Reich wurde unter seinen Nachkommen aufgeteilt. In den folgenden einhundert Jahren setzte eine Zeit des Wiederaufbaus und der wirtschaftlichen Erholung ein. Die Mongolen, die sich nun Tataren nannten, übernahmen die türkische Sprache und bekannten sich zum Islam. In Herat herrschte die Dynastie der Kurt, die Vasallen der Mongolen waren. Über das Gebiet südlich des Amu Darya ist aus dieser Zeit wenig bekannt.

Mehr wissen wir über die Herrschaft Timur Lenks (Tamerlan, «der Hinkende», geb. 1336; 1370–1405), der mütterlicherseits mit Dschingis Khan verwandt war und im kriegerischen Sinne das geistige Erbe Dschingis Khans antrat. Timur stammte aus einem turkisierten Mongolenstamm, der sich in Kesch südlich von Samarkand niedergelassen hatte. In unzähligen Feldzügen eignete sich Timur ein Reich an, das vom Mittelmeer bis nach Nordindien reichte. Auch seine Feldzüge waren von Zerstörungswut und Brandschatzung geprägt. Traurige Berühmtheit erlangten die Schädelpyramiden, die er aus den Köpfen ermordeter Gegner und abgeschlachteter Zivilisten aufschichten ließ. Im Gebiet des heutigen Afghanistan machte Timur Herat dem Erdboden gleich und vernichtete die ausgeklügelten Bewässerungssysteme der Oasenlandschaft Sistans. Wie drastisch diese Vernichtungswut gewesen sein muss, dokumentiert die Tatsache, dass sich Sistan nie wieder erholen konnte und der Wüstenbildung zum Opfer fiel. Im Gegenzug zu den Verwüstungen der eroberten Gebiete stieg Samarkand nicht nur zum politischen und wirtschaftlichen, sondern auch zum geistigen Mittelpunkt dieses Imperiums auf und wurde von Timur mit prächtigen Bauwerken versehen. Timur starb 1405, als er die Vorbereitungen für einen Feldzug gegen China traf.

Unter seinem Sohn und Nachfolger Schah Rukh (1405–1447), der sich in heftigen Kämpfen gegen seine Konkurrenten durchsetzte, verlagerte sich die Geschichte erneut auf das Gebiet des heutigen Afghanistan. So erkor Schah Rukh Herat zu seiner neuen Residenz, von wo er über Khorassan und Transoxanien, das Restreich der Timuriden, herrschte. Schah Rukh begründete in Herat die Timuriden-Dynastie, unter der die islamische Kunst eine ihrer größten Blüten entfaltete und Herat mit prächtigen Bauten, wie etwa dem – leider zerstörten – Baukomplex des Musalla, versehen wurde. Künstler wie 'Ali Scher Nawai, einer der größten türkischen Poeten Mittelasiens, oder der Dichter Jami lebten in Herat. Weltruhm erlangte die Buchkunst unter Kemalud-Din Behzad (ca. 1455–1536). Er pflegte einen neuen Stil, in dem die Vogelperspektive angewendet wurde. Die Herrschaft der Timuriden bildete die letzte Epoche, in der kulturelle und künstlerische Innovationen aus dem Gebiet des heutigen Afghanistan die islamische Welt befruchteten.

Parallel zur Herrschaft der Timuriden gelangte in Nordindien die Lodi-Dynastie (1451–1562) an die Macht, die das Delhi-Sultanat beherrschte. Unter Sekandar Lodi (1489–1517) erreichte diese Dynastie ihren Höhepunkt, da sie die Kontrolle über den Punjab und die Gangesebene gewann. Mit der Lodi-Dynastie traten erstmals Herrscher aus dem paschtunischen Stammesgürtel in das Licht der Geschichte. Aufgrund ihres besonders kriegerischen Rufs hatten Paschtunen in Nordindien als Söldner und Condottiere indisch-türkischer Herrscher sukzessiv an Einfluss gewonnen. Ein zweites paschtunisches Herrscherhaus, das in Nordinidien an Bedeutung gewann, war die Suri-Dynastie. Scher Schah aus der Suri-Dynastie regierte in den Anfängen der Mogulzeit für 16 Jahre (1540–1556) das Sultanat von Delhi. Jedoch setzte Humayoun, der Sohn Baburs, 1556 mit Hilfe Persiens der Suri-Dynastie ein Ende.

Safawiden, Moguln und Schaibaniden

Seit Beginn des 16. Jahrhunderts lag das heutige Afghanistan rund 200 Jahre lang im Grenzgebiet zwischen Moguln in Nordindien, Safawiden in Persien und Schaibaniden in Mittelasien. So war das Gebiet westlich des Hindukusch mit der Stadt Herat seit 1502 fast kontinuierlich unter safawidischer Herrschaft. Zur gleichen Zeit begründete Babur, ein Nachfahre Timurs, in Kabul die Dynastie der Moguln. Nach verschiedenen missglückten Versuchen, Samarkand einzunehmen, verlagerte Babur 1519 sein Herrschaftszentrum nach Nordindien. Kabulistan, das Gebiet südlich des Hindukusch, blieb Bestandteil des indischen Mogul-Reichs. Für Babur war Kabul nicht nur eine Sommerfrische, sondern er ließ sich auch in dieser Stadt begraben. Kandahar stellte einen ständigen Zankapfel zwischen den Safawiden und den Moguln dar und wurde erst 1649 endgültig dem Safawidenreich einverleibt. Anfang des 16. Jahrhunderts entstand in Zentralasien das usbekische Schaibanidenreich, das seine Macht zeitweise bis nach Khorassan und in den nördlichen Hindukusch ausdehnte. Im 16. Jahrhundert zerfiel das Schaibanidenreich in die Khanate (Fürstentümer) von Bukhara und Khiwa. Im 18. Jahrhundert kam noch das Khanat von Kokand hinzu. Alle drei Khanate regierten jeweils eigene usbekische Dynastien. Die Region südlich des Amu Darya und nördlich des Hindukusch zerfiel in eine ganze Reihe usbekischer Khanate, die seit dem 16. Jahrhundert zum Einflussbereich Bukharas zählten. Die gebirgige Provinz Badakhschan im nördlichen Hindukusch wurde Mitte des 17. Jahrhunderts aus dem Mogul-Reich herausgelöst und unterstand als eine halbautonome Provinz dem usbekischen Khanat von Bukhara.

Differenzen über die richtige Religionsausübung bildeten in einer Zeit, in der über religiöse Weltbilder der gesamte gültige Kosmos definiert wurde, die wichtigsten Brüche in der Gesellschaft. Daher legitimierten die Herrscher des schiitischen Safawidenreichs und der sunnitischen Imperien der Usbeken und Moguln ihre Kriege gegeneinander, die sie auf dem Boden des heutigen Afghanistan austrugen, über konfessionelle Gegensätze. Besonders die Safawiden, die die Schia zur Staatsreligion erhoben und Ende des 17. Jahrhunderts eine Zwangskonvertierung und Liquidierung von Angehörigen der sunnitischen Gelehrten *(ulama)* in ihrem Reich durchführten, trugen zu einer politischen Überhöhung konfessioneller Unterschiede bei.

Alle drei Imperien begnügten sich im Raum des heutigen Afghanistan mit der Ausübung einer indirekten Herrschaft, indem sie in den wenigen urbanen Zentren Statthalter und Besatzungstruppen einsetzten, um die wichtigen Handelswege zu kontrollieren. Die Statthalter versuchten, Einfluss auf die Repräsentanten und Anführer der umliegenden Dörfer und Stämme zu nehmen; bestenfalls schafften sie es, Tributzahlungen herauszupressen. In vielen Fällen nutzten jedoch auch die Anführer und Stämme die schwache Position der Statthalter für die Erweiterung der eigenen Machtbasis und erhielten Subsidien und Privilegien von den Mogul und Safawiden. Diese Politik hatte zur Folge, dass besonders die paschtunischen Stämme, die im Grenzbereich beider Reiche lebten, erstarkten, während die Macht der Moguln und Safawiden zunehmend bröckelte. Weltwirtschaftliche Veränderungen dürften den Niedergang beider Imperien beeinflusst haben. Denn der Aufstieg des Seehandels zwischen Europa und Übersee bedingte den Rückgang des Überlandhandels entlang der Seidenstraße, was zur Folge hatte, dass die Safawiden und Moguln immer weniger Steuern einnahmen und die Stämme und lokalen Potentaten kaum noch bezahlen konnten. Daher war es nur noch eine Frage der Zeit, bis die paschtunischen Stämme die stabile Herrschaftsordnung zwischen Indien, Persien und Mittelasien in eine neue Unordnung stürzten.

4. Die Gründung paschtunischer Reiche

(17. Jahrhundert – 1823)

Im 18. Jahrhundert gelang es der paschtunischen Stammeskonföderation der Ghilzai, dem Safawidenreich ein Ende zu setzen, und Ahmad Schah gründete mit Hilfe der paschtunischen Stammeskonföderation der Abdali (Durrani) ein Reich, das afghanische Historiker als den Beginn des modernen Afghanistan werten.

Das Aufbegehren paschtunischer Stämme gegen die herrschenden Imperien äußerte sich erstmals in der zweiten Hälfte des 16. Jahrhunderts, als die religiöse Roschaniye-Sekte des Mystikers Bayazid Ansari untereinander zerstrittene ostpaschtunische Stämme einigte, die gegen die Herrschaft der Moguln rebellierten. Besonders in den siebziger Jahren des 16. Jahrhunderts schwoll diese Bewegung zu einer echten Bedrohung für die Moguln an. Auch im 17. Jahrhundert stellten die paschtunischen Stämme eine Gefahr für die Moguln dar. Der Mogul-Herrscher Aurangzeb erlitt gegen die paschtunischen Stämme 1672 bei Landikotal eine schwere Niederlage und konnte nur mit Mühe die Hoheit im Nordwesten seines Reichs aufrechterhalten. In diesem Zusammenhang ist vor allem Khuschhal Khan Khatak zu nennen, ein paschtunischer Führer, der sich immer wieder mit den Moguln Kämpfe lieferte. Er besang zudem in unzähligen Gedichten die Werte und Kultur der Paschtunen, weshalb er bis heute von vielen Paschtunen verehrt wird.

Mir Wais und der Untergang des Safawidenreichs

Während sich das Mogul-Reich der paschtunischen Stämme noch erwehren konnte und von der Zerstrittenheit der Gebirgsstämme profitierte, war die Situation weiter westlich in Herat und Kandahar eine andere. Hier hatten sich zwei große Stammeskonföderationen, die mehrere paschtunische Stämme umfassten, herausgebildet. Zwischen Kandahar und Herat hatten sich die Abdali etabliert, während die Region zwischen Ghazni und Kandahar das Stammesgebiet der

Ghilzai war. Beide Stammeskonföderationen befanden sich seit dem 17. Jahrhundert in einem ständigen Konkurrenzkampf, der seine Schatten bis in die Gegenwart wirft. Grund dieser Rivalität war der Streit um die Vorherrschaft in Kandahar, das nicht nur eine fruchtbare Oase darstellte, sondern auch die wichtigste Handelsstation zwischen Persien und Indien.

Unter den Safawiden übernahmen die Ghilzai die Herrschaft über Kandahar. Zu Beginn des 18. Jahrhunderts war Mir Wais aus dem führenden Ghilzai-Stamm der Hotak zu einem der mächtigsten und reichsten Männer der Region aufgestiegen. Als die Safawiden den schiitischen Islam zur Staatsreligion erhoben und Sunniten zwangskonvertierten, gelang es einem Aufstand unter Führung von Mir Wais, die Safawiden aus dem mehrheitlich sunnitischen Kandahar zu vertreiben. War für die Safawiden der Verlust von Kandahar noch zu verkraften, so stellte Mahmud Hotak, der Sohn und Nachfolger von Mir Wais, eine echte Bedrohung dar. Denn Mahmud begnügte sich nicht mit der Herrschaft über Kandahar, sondern brach mit einer zusammengewürfelten Truppe aus Paschtunen, Hazaras und Belutschen auf, das Safawidenreich zu erobern. 1722 nahm er nach langer Belagerung die Hauptstadt der Safawiden, Isfahan, ein und setzte dem Safawidenreich ein Ende. Mahmud selbst nahm für sich den Titel «Schah von Persien» in Anspruch. Nach seinem Tod 1725 konnte sein Cousin Aschraf die «Afghanen-Herrschaft» in Persien jedoch nicht mehr lange aufrechterhalten. Er wurde 1729 von Nader Schah aus dem Turkstamm der Afschar, einem Gefolgsmann der Safawiden, besiegt. Aschraf starb auf der Flucht. Die Eroberungszüge von Mahmud und Aschraf waren vor allem darauf ausgerichtet, Beute zu machen, während der Gedanke der Reichsgründung nebensächlich war. In der zeitgenössischen Geschichtsschreibung wird diese Epoche als die «grausame und blutige» Herrschaft der Afghanen über Persien charakterisiert, die den Grundstein für die gegenseitige Abneigung zwischen Afghanen und Persern gelegt habe. Besonders das Morden und Brandschatzen der Afghanen bei der Einnahme Isfahans, das Tausende Menschen das Leben gekostet haben soll, ist im kollektiven Gedächtnis der Perser lebendig geblieben.

Ahmad Schah und die Gründung des Durrani-Reichs (1747–1773)

Nader Schah, der nach seinem Sieg über Aschraf zunächst den schwachen Safawiden-Herrscher Schah ʿAbbas III. auf den Thron brachte, schwang sich 1736 selbst zum Herrscher über Persien auf. Er begründete ein Reich, das vom Kaspischen Meer bis nach Nordindien reichte. Bereits 1732 beendete er die Autonomie der Provinzen von Herat und Farah, die seit dem Zusammenbruch der Safawiden-Herrschaft zu Spielbällen verschiedener Abdali-*khane* geworden waren. Mit Mohammad Zaman Khan und Zul-Faqar Khan setzten sich die Sadozai gegenüber den Barakzai als führender Stamm der Abdali durch. Nach der Unterwerfung der Abdali sicherte sich Nader Schah deren Loyalität, indem er sie in seine Streitmacht integrierte. Mitglieder der Abdali bildeten die Elitetruppe und die Leibgarde Nader Schahs. Mit ihrer Hilfe nahm er 1738 das von den Ghilzai gehaltene Kandahar ein. Die führenden Stämme der Abdali entlohnte er mit den Ländereien der Ghilzai in der Region um Kandahar. In der Folgezeit führte er unzählige Feldzüge nach Indien, das vor allem wegen seines Reichtums lockte. 1747 fiel Nader Schah einem Attentat durch unbekannte Hand in Maschhad zum Opfer.

Die Gunst der Stunde nutzte der noch recht junge Ahmad Schah. Dieser war als Sohn Mohammad Zaman Khans und Bruder Zul-Faqar Khans eine der führenden Persönlichkeiten innerhalb der Abdali-Konföderation und nicht, wie vielfach behauptet wird, ein unbekannter und schwacher *khan* zweitrangiger Herkunft. So hatte Ahmad Schah zu den engsten Vertrauten Nader Schahs gehört und war Oberbefehlshaber von dessen Leibgarde gewesen. Er verfügte bereits unter Nader Schah über eine große loyale Gefolgschaft, die sich überwiegend aus Abdali zusammensetzte. Nach der Ermordung Nader Schahs eilte Ahmad Schah nach Kandahar, wo er den Grundstein für die Errichtung des Durrani-Reiches legte. Wenn über die Anfänge des Durrani-Reiches sowie die Art der Erhebung Ahmad Schahs zum Herrscher verschiedene Versionen existieren, haben die meisten doch eins gemein: Nämlich dass eine *loya jirga*, also eine große Stammesversammlung, Ahmad Schah zu ihrem Anführer erhob. Seinen Beinamen *durr-i daran* («Perle des Zeitalters»), den er während dieser *jirga* erhalten haben soll, soll er eigenmächtig in den

Titel *durr-i durran* («Perle unter Perlen») umgewandelt haben, um seine bescheidene Stellung als *primus inter pares* zum Ausdruck zu bringen. Die Abdali sollen sich diesem Titel entsprechend in Durrani umbenannt haben. Nach dieser Darstellung basierte der Führungsanspruch Ahmad Schahs nicht auf seiner faktischen Macht, sondern auf den paschtunischen Ehr- und Rechtsvorstellungen, denn er wurde in einer *jirga* als Führer auserkoren und unterwarf sich dem paschtunischen Gleichheitsgedanken. Diese *loya jirga* gilt in der nationalafghanischen Geschichtsschreibung als der Beginn des modernen Afghanistan; sie fand Eingang in die afghanischen Geschichtsbücher und wird heute von allen Afghanen und auch von vielen Wissenschaftlern für historisch gesichert gehalten. Bislang haben erstaunlicherweise nur wenige Experten daran Anstoß genommen, dass das Bild der Erhebung Ahmad Schahs stark vom Idealtypus des gerechten und von allen Seiten anerkannten Herrschers sowie von edlen paschtunischen Vorstellungen, die sich für die Ausschmückung und Mythologisierung einer afghanischen Nationalideologie gerade aus paschtunischer Sichtweise anboten, geprägt ist. Befragt man jedoch die Primärquellen und hier vor allem das großartige Werk von Mountstuart Elphinstone, der zuverlässigsten und einer der ältesten Quellen über die Ereignisse im 18. Jahrhundert, werden die Umstände, die zu Ahmad Schahs Erhebung führten, ganz anders dargestellt. Demnach ist Ahmad Schah mit einer starken Streitmacht von einigen Tausend Kriegern aus dem Heer Nader Schahs nach Kandahar aufgebrochen, da dort eine Karawane mit Reichtümern aus den indischen Provinzen eingetroffen war, und nicht, um seine Stammesbrüder für sich zu gewinnen. Sein Führungsanspruch basierte auf seiner militärischen Stärke, der in Kandahar niemand etwas entgegenzusetzen hatte. Auch erwähnt Elphinstone weder eine Wahl noch eine *jirga*: Vielmehr soll Ahmad Schah Kandahar machtbewusst eingenommen, seine Widersacher hingerichtet und sich selbst zum Herrscher ausgerufen haben.

In seiner 25-jährigen Herrschaft errichtete Ahmad Schah ein Imperium, das von Khorassan bis nach Kaschmir und vom Amu Darya bis zum Indischen Ozean reichte – also auch das Gebiet des heutigen Afghanistan umfasste; Kandahar bildete das Zentrum dieses Reichs. Ahmad Schah – so die afghanische Historiographie – vermochte es, alle Einwohner von «Afghanistan» zu «einer Nation» zusammenzuschweißen. In ihrem Bemühen, ihn zum *baba*

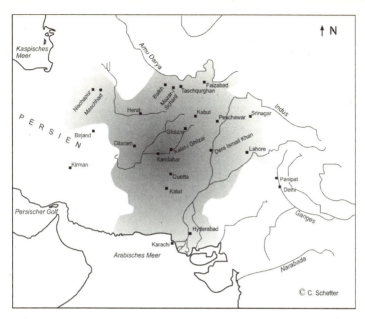

Das Reich von Ahmad Schah Durrani (18. Jahrhundert)

afghan, zum «Väterchen der Afghanen», zu erheben, blenden viele Historiker wesentliche Tatsachen aus, die der Vorstellung einer Konföderation paschtunischer Stämme oder eines frühen afghanischen Nationalstaats entgegenstehen. Denn Ahmad Schahs Reich entsprach einem lockeren Herrschaftsverbund von Fürstentümern und paschtunischen wie nicht-paschtunischen Stämmen, die er nur indirekt beherrschte. Er stand damit ganz in der Tradition safawidischer Reichspolitik, die er selbst unter Nader Schah kennengelernt hatte und bis in das kleinste Detail kopierte. Eine Verwaltung war nur rudimentär vorhanden. Die einfachen Beamten waren überwiegend Tadschiken, Qizilbasch oder Hindus, die bereits unter den Safawiden und Moguln gedient hatten. Ahmad Schah baute keine Institutionen der Herrschaft auf, die sein Imperium und dessen Bevölkerung hätten erfassen und administrativ durchdringen können. Die bereits existierenden Herrschaftsverhältnisse blieben weitgehend unangetastet. Die Herrschaft Ahmad Schahs beschränkte sich faktisch auf den Ort, an dem er sich gerade mit seinem Heer aufhielt, und bestand in der zeitweisen Einforderung von Gefolgschaftsleistungen und Loyalitätsbekundungen: Seine Herrschaft war nur wirkungsvoll, wenn er präsent war. Die Vielzahl lokaler und regionaler Herrscher in Turkistan, Hazarajat, Badakhschan usw. sowie die paschtunischen Stämme und die Provinzgouverneure erkannten die Oberhoheit Ahmad Schahs zwar an, doch sobald ihnen dieser den Rücken kehrte, gaben sie sich wieder vollkommen souverän. Wesentlicher Stabilitätsfaktor der Herrschaft Ahmad Schahs war sein Heer, das sich aus Soldaten verschiedener Herkunft zusammensetzte und das er nur mit der Aussicht auf Beute zusammenhalten konnte. Allein achtmal führten ihn Feldzüge in das fruchtbare Indien. Mehr als drei Viertel der gesamten Steuern wurden aus den fruchtbaren Provinzen Kaschmir, Punjab und Multan gepresst.

Timur Schah (1773–1793), Sohn und Nachfolger Ahmad Schahs, konnte das Reich, das ihm sein Vater überlassen hatte, notdürftig erhalten. Doch offenbarten sich bereits in der Herrschaftszeit Timur Schahs die Schwächen des Durrani-Reichs: So war Timur Schahs Herrschaftsanspruch umstritten, weshalb er sich gegen Thronansprüche aus der eigenen Familie zur Wehr setzen und sich der oppositionellen Haltung verschiedener Durrani-Clans erwehren musste. Außerdem erwies sich das Durrani-Reich als zu groß: So blieben die für den Staatshaushalt notwendigen Steuern aus den fruchtbaren indischen Provinzen aus, wodurch Timur Schah die notwendigen Ressourcen fehlten, um die Herrschaft aufrecht zu erhalten. Um sich finanziell und politisch vom Einfluss der durranischen Adelsschicht zu lösen, verlegte Timur Schah die Hauptstadt von Kandahar nach Kabul, das im tadschikischen Siedlungsraum lag. Wichtige Positionen im Militär und in der Verwaltung, die noch unter Ahmad Schah Paschtunen innehatten, nahmen nun schiitische Qizilbasch ein, die unter den Safawiden als Garnisonstruppen in Städten wie Kandahar und Herat eingesetzt worden waren. Die Qizilbasch konnten seinem Herrschaftsanspruch aufgrund ihrer konfessionellen Sonderposition als Schiiten in einem sunnitischen Milieu wie auch aufgrund des Fehlens einer dynastischen Legitimation kaum gefährden. Eine wesentliche Konsequenz des paschtunischen Machtverlusts am Hof Timur Schahs war, dass Persisch zur Hofsprache in Kabul aufstieg. Timur Schah hatte sich ohnehin durch seine Erziehung in Maschhad von der paschtunischen Gesellschaft entfremdet und galt im Gegensatz zu Ahmad Schah als «iranisierter» Herrscher. Alle durranischen Monarchen bevorzugten daher seit Timur Schah Persisch; nur wenige beherrschten noch Paschtu.

Afghanistan – Land unzähliger Herrscher

Mit dem Ableben Timur Schahs offenbarte sich, dass partikulare Interessen weiter dominierten. Die Fragmentierung von Herrschaft war allein durch die Schaffung des Großreichs Ahmad Schahs kurzzeitig in den Hintergrund getreten und gewann nun erneut die Oberhand. Permanente Thronstreitigkeiten erschütterten Kabul, und gleich mehrere Herrscher bestiegen in den folgenden Jahrzehnten wiederholt den Thron. Die Herrschaft der Durrani wurde nicht allein von den konkurrierenden Ghilzai herausgefordert, sondern auch die Führung innerhalb der Durrani war zwischen den Sadozai aus dem Stamm der Popalzai und den Mohammadzai aus dem Stamm der Barokzai stark umkämpft. Schließlich bestanden auch zwischen den zahlreichen Brüdern der führenden Familien große Rivalitäten, die immer wieder zu kurzlebigen Allianzen und gewaltsamen Konflikten über tribale und religiöse Grenzen hinweg führten. Daher wird das frühe 19. Jahrhundert in der afghanischen Geschichtsschreibung als «dunkles Kapitel der ‹Bruderkriege›» (Noelle-Karimi) verstanden und im Kontrast zum Durrani-Reich als eine Zeit des Verfalls, des Chaos und der Anarchie beschrieben.

Diese Thronstreitigkeiten bedingten, dass die Herrscher nicht in der Lage waren, die ertragreichen indischen Provinzen an sich zu binden, da die Auseinandersetzungen mit ihren Konkurrenten ihre Anwesenheit in Kabul erforderten. Dies hatte zur Folge, dass im Südosten des Durrani-Reichs unter Führung Ranjit Singhs das Reich der Sikhs aufblühte, das den durranischen Herrschern zunehmend das Leben schwer machte. Hatte Zaman Schah zunächst Ranjit Singh zum Gouverneur von Lahore erhoben, so sagte sich dieser bald von Kabul los und gründete ein eigenständiges Reich. In der Folgezeit eroberte er den Punjab und Kaschmir und nahm den Kabuler Herrschern ihre wichtigsten Einkommensquellen, um sich die Loyalität der vielen Potentaten und Stämme zu erkaufen. Die Folge war, dass neben Kabul seit Anfang des 19. Jahrhunderts Kandahar, Herat und Peschawar zu ebenbürtigen regionalen Machtzentren aufstiegen, die konkurrierende Clans der durranischen

Stämme regierten. So etablierten sich in Peschawar die Peschawar-Sardare und in Kandahar die Dil-Brüder, beides Mohammadzai-Linien, die auf Poinda Khan zurückgehen, von dem noch die Rede sein wird. Herat avancierte zum Gegenpol zu Kabul als Zufluchtsort der Rivalen der Herrscher. Schließlich sagten sich die zahlreichen kleinen usbekischen Khanate zwischen Hindukusch und Amu Darya (u. a. Kunduz, Khulm, Balkh, Aqtscha, Maimana) von Kabul los und erklärten sich nur gegenüber dem Khanat von Bukhara tributpflichtig. Nur temporär und vereinzelt vermochten es zudem die Herrscher dieser Machtzentren, die Loyalität der vielen umliegenden Stämme und regionalen und lokalen Führer zu erwirken. Die Auseinandersetzungen des 19. Jahrhunderts verdeutlichten erneut, dass es um die Kontrolle der wenigen Städte und der Handelsrouten ging, während das übrige, ressourcenarme Land keine Rolle spielte. Obgleich die vielen Herrscher und die ständig wechselnden Allianzen für den Leser verwirrend sein mögen, sollen dennoch die Ereignisse nachgezeichnet werden. Denn gerade diese Dynamik der Macht ist für Afghanistan bis heute charakteristisch.

Timur Schah hinterließ 24 Söhne und hatte versäumt, seine Thronfolge zu regeln. Zunächst gelang es Zaman Schah (1793–1801), dem fünften Sohn Timur Schahs, mit Hilfe des Mohammadzai Poinda Khan, der als Wesir bereits rechte Hand Ahmad Schahs gewesen war, sich gegen seine Brüder durchzusetzen und den Thron in Kabul zu besteigen. Seine Brüder Mahmud und Homayun, die mit ihm um die Macht buhlten, erhob er zu Gouverneuren von Herat und Kandahar, um deren Ansprüche zu befriedigen. Doch stellte sich diese Lösung schnell als konfliktträchtig heraus: Homayun stellte als erstgeborener Sohn Timurs solch eine Bedrohung für Zaman Schah dar, dass er diesen nach einer Revolte 1793 blenden ließ – eine übliche Methode, um einen legitimen Konkurrenten auszuschalten. Mahmud, der 1797 revoltierte, floh nach Persien. 1800 führten Ränkespiele am Kabuler Hof dazu, dass Poinda Khan des Putsches verdächtigt wurde und Zaman Schah ihn hinrichten ließ. Nun verbündeten sich Mahmud und Poinda Khans Sohn Fateh Khan und zogen gegen Kabul. Zaman Schah, der von einem Indienfeldzug zurückeilte, wurde von ihnen gefangengenommen, geblendet und ins Verließ geworfen. Die Machtergreifung Schah Mahmuds (1801–1803) provozierte umgehend, dass Schah Schoja',

Vollbruder von Zaman Schah und Gouverneur von Peschawar, sich gegen den neuen Herrscher in Kabul erhob. Nachdem verschiedene Versuche Schah Schoja's, Kabul einzunehmen, von Fateh Khan vereitelt wurden, musste Schah Mahmud 1803 dennoch die Macht an ihn abgeben. Anlass war, dass Pogrome zwischen der schiitischen und sunnitischen Bevölkerung 1803 Kabul in gewaltsame Tumulte stürzte, die Schah Mahmud nicht in den Griff bekam. Nun bestieg Schah Schoja' den Thron, verzichtete jedoch auf eine Blendung Schah Mahmuds – was er später bereuen sollte.

Über die erste Herrschaftszeit Schah Schoja's sind wir dank der Aufzeichnungen Mountstuart Elphinstones recht gut informiert. Elphinstone hielt sich 1809 in Peschawar und Kabul auf, um für die East Indian Company, die ihre Macht in den letzten Jahrzehnten bis nach Delhi ausgedehnt hatte, Informationen über die Herrschaft der Afghanen zu sammeln. Der Bericht Elphinstones gilt bis heute als eine der differenziertesten und besten Darstellungen der gesellschaftlichen und politischen Verhältnisse in Afghanistan. Seine Analyse der hoffnungslosen Zerstrittenheit unter den Afghanen milderte alle Befürchtungen auf britischer Seite, dass Einfälle aus dem Hindukusch drohten, die den britischen Besitzungen in Indien hätten gefährlich werden können. Kurz nach der Abreise Elphinstones 1809 wurde der ersten Herrschaftsperiode Schah Schoja's ein jähes Ende gesetzt. Erneut war es das Gespann Mahmud und Fateh Khan, das sich gegen den Herrscher erhob, Kandahar und Kabul einnahm und Schah Schoja' bei Nimla zwischen Kabul und Peschawar besiegte. Schah Schoja' verbrachte Jahre der Gefangenschaft zunächst in Kaschmir, dann unter Ranjit Singh in Lahore und schließlich in britischer Obhut im indischen Ludhiana, bevor er ein weiteres Mal den Kabuler Thron besteigen sollte. Ranjit Singh war es auch, der Schah Schoja' den berühmten Edelstein Koh-i Noor entwendete, der 1849 in die Hände der Briten fiel, Queen Victoria geschenkt wurde und sich heute im Kronjuwel des britischen Königshauses befindet.

Die zweite Herrschaftsperiode Mahmud Schahs, in der Fateh Khan als Wesir die Regierungsgeschäfte übernahm, dauerte bis 1818. Erneut führten Intrigen zu einem Zerwürfnis zwischen Mahmud und Fateh Khan, in deren Folge Letzterer geblendet, gefoltert und ermordet wurde. Jedoch hatte Mahmud Schah die Macht des konkurrierenden Stammes der Mohmmadzai unterschätzt, der ihn umgehend aus Kabul vertrieb. Mahmud gelang es allein mit massiver Unterstützung der persischen Qajaren-Herrscher, Herat, wo er ja bereits Ende der 1790er Jahre Gouverneur gewesen war, zurückzuerobern. Die Stadt konnte ihre Unabhängigkeit von Kabul bis 1863 aufrecht erhalten. Nach der Vertreibung Mahmuds standen die Mohammadzai vor dem gleichen Problem der Zersplitterung der Macht, das bereits die Sadozai hatten. Denn Fateh Khan hatte als Wezir viele seiner ungefähr zwanzig Halbbrüder als Provinzgouverneure eingesetzt, die nun um die Macht konkurrierten. Während die «Peschawar-Sardare» und die «Dil-Brüder» zu entscheidenden Machtfaktoren aufstiegen, verlor Kabul, das nominell von dem Sadozai Ayub Schah regiert, aber *de facto* von dem Mohammadzai Mohammad A'zam beherrscht wurde, an Bedeutung. Diesen Zerfall des Durrani-Reiches in eine Vielzahl kleiner Fürstentümer nutzte Ranjit Singh, indem er 1819 Kaschmir eroberte und 1823 sogar Peschawar einnahm. Obgleich er sich aus Peschawar wieder zurückzog, waren die Peschawar Sardare nun dem Sikh-Herrscher tributpflichtig.

5. «Das Große Spiel»

(1823–1880)

Im 19. Jahrhundert etablierte sich der Begriff «Afghanistan» für die aus der Sicht der Großmächte herrschaftslose Pufferzone zwischen Persien und den Kolonialmächten Russland und Britisch-Indien. Wie wenig gefestigt die Vorstellungen darüber waren, was zu Afghanistan gehörte und was nicht, verdeutlicht, dass seit 1835 Peschawar zunächst von den Sikhs und anschließend von den Briten aus Afghanistan herausgelöst wurde und Persien nicht weniger als sechsmal versuchte, Herat gewaltsam zu annektieren. Afghanistan symbolisierte einen der letzten weißen Flecken auf der Landkarte, der sich beharrlich jeder kolonialen Einflussnahme entzog. Zudem kollidierten hier die Interessen der zwei dominierenden Weltmächte der damaligen Zeit, England und Russland, was Rudyard Kipling in seinem Roman *Kim* als «Great Game» berühmt machte: England, das seine Besitzungen in Indien abschirmen wollte, Russland, das den Zugang zu einem «warmen Meer» anstrebte. Besonders die Briten waren ständig bemüht, einen Herrscher in Kabul zu installieren, der ihren Interessen gewogen war und ganz Afghanistan kontrollieren sollte. Aufgrund verhängnisvoller Fehleinschätzungen seitens der Briten, Kommunikationsproblemen zwischen den Briten und den afghanischen Emiren, Regierungswechseln in London sowie der partikularen Machtverteilung in Afghanistan sollten die Briten am Hindukusch schmerzlich die Grenzen ihrer kolonialen Politik erfahren.

Dost Mohammad und der erste anglo-afghanische Krieg

Der Tod Mohammad A'zams (1823) hinterließ in Kabul ein Machtvakuum. Es war Fateh Khans Sohn Dost Mohammad, Herrscher über Ghazni und Kohistan, der schließlich 1826 Kabul eroberte. Seine Macht erstreckte sich anfangs jedoch kaum über Kabul und Ghazni hinaus. Er konnte zudem als Mohammadzai seine Herr-

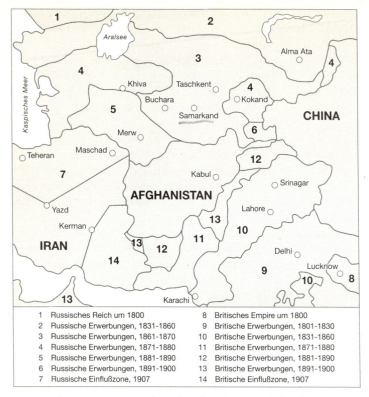

Das »Great Game« der Kolonialmächte (19. Jahrhundert)

schaft nicht mit seiner Abstammung legitimieren, und auch seine Halbbrüder hielten ihn als Sohn einer schiitischen Qizilbasch nicht für gleichwertig. Dost Mohammad zollte seiner schwachen Machtbasis und seiner fehlenden Herrschaftslegitimität Tribut, indem er nicht wie die Sadozai Wert auf Hierarchien legte, sondern seine Hofhaltung eher Stammesversammlungen Gleichgestellter glich. Seine Macht sicherte er wie für afghanische Verhältnisse typisch über Heiratsallianzen: So hatte er im Laufe seiner Regentschaft sechzehn Frauen aus den führenden Familien geheiratet. Ein weiteres Instrument des Machterhalts war, dass er alle führenden Positionen an seine Söhne vergab. Charles Masson, ein britischer Agent, der sich am Hof Dost Mohammads aufgehalten hatte, charakterisierte ihn als «einen galanten Krieger und einen scharfsinnigen Politiker», wenngleich er ihn auch als einen eiskalten Machtmenschen «ohne Prinzipien» bezeichnete.

1834 musste Dost Mohammad seine erste Bewährungsprobe bestehen. Schah Schoja' war, von den Briten ermutigt, aus seinem Exil in Ludhiana aufgebrochen, um seinen Thron zurückzuerobern. Bei Kandahar wurde er jedoch von den vereinten Kräften Dost Mohammads und der Dil-Brüder geschlagen. Diese innerafghanischen Thronstreitigkeiten nutzte Ranjit Singh umgehend, um 1835 Peschawar endgültig dem Sikhreich einzuverleiben. Obgleich Dost Mohammad sogleich gegen die Sikhs in den Krieg zog, um die «heimliche Hauptstadt» der Paschtunen zurückzuerobern, scheiterten alle militärischen Bemühungen. 1836 rief er den Jihad gegen die «gottlosen» Sikhs aus und nahm den Titel *amir-al mu'minin*, «Führer der Gläubigen», an – eine Bezeichnung, die erstmals der zweite Umaiyaden-Kalif in der islamischen Frühzeit verwendet hatte. Mit der Annahme dieses religiösen Titels versuchte er, über tribale und ethnische Grenzen hinweg alle Muslime seines Reiches zu mobilisieren. Jedoch durchkreuzte Ranjit Singh seine militärischen Pläne, indem er durch Bestechung und Versprechungen die Peschawar-Sardare aus Dost Mohammads militärischem Verbund herauslöste. Ein positiver Effekt der Auseinandersetzung mit den Sikhs war, dass Dost Mohammad nun auch von seinen Brüdern als Emir anerkannt wurde.

Nach seinen militärischen Niederlagen gegen die Sikhs bemühte sich Dost Mohammad, auf diplomatischem Weg Peschawar zurückzugewinnen. Diese verhängnisvolle Entscheidung riss Afghanistan in den Strudel der Weltpolitik. Im Jahr 1836 bot Dost Mohammad den Briten ein Bündnis gegen Ranjit Singh an. Auf der einen Seite pflegten die Briten gute Beziehungen zu Ranjit Singh und passte es in ihre Strategie, dass sich das Sikh-Reich als Puffer zwischen die britischen Besitzungen in Indien und die unberechenbaren afghanischen Stämme schob. Auf der anderen Seite galt es aber, Dost Mohammad nicht zu brüskieren, um ihn nicht den Russen in die Arme zu treiben. Um guten Willen zu zeigen, entsandten die Briten eine diplomatische Mission, die sich von September 1837 bis April 1938 in Kabul aufhielt. Leiter dieser Mission war der junge Alexander Burnes, der sich durch eine Expedition nach Afghanistan, Mittelasien und Persien in den frühen dreißiger Jahren bereits als «Bukhara Burnes» einen Namen gemacht hatte. Die Aufgabe dieser Mission war es jedoch weniger, echte Verhandlungen zu führen, als eher die britische Zentrale in Kalkutta über die Ereignisse in Kabul auf dem Laufenden zu halten. Obgleich Burnes Verständnis für das Anliegen Dost Mohammads zeigte und für britische Vermittlungen im Konflikt um Peschawar eintrat, lehnte Lord Auckland, der 1835 Generalgouverneur Indiens geworden war, jede Einmischung in den Streit um Peschawar ab. Offiziell begründeten die Briten ihre Haltung damit, dass sie sich nicht in die internen Angelegenheiten von Nachbarstaaten einmischen wollten, was sie jedoch bald darauf zur Legitimierung des ersten anglo-afghanischen Kriegs genau taten.

Die Situation spitzte sich zu, als die Russen auf den Plan traten. Sie versuchten zunächst, ihren Einfluss in Afghanistan über das persische Qajaren-Reich, das sich durch den Vertrag von Turkmanchai 1828 in russischer Abhängigkeit befand, zu stärken. 1838 rückten die Qajaren gegen Herat vor. Diese Belagerung offenbarte bereits, welche Kräfte sich hier eigentlich maßen. Während russische Offiziere die Qajaren instruierten, lag die Verteidigung Herats in den Händen des Briten Eldrid Pottinger. Parallel zu den Ereignissen in Herat versuchten die Russen, die Briten auf diplomatischem Parkett in Bedrängnis zu bringen. So fand sich der russische Diplomat I.W. Witkewitsch in Kabul ein und unterbreitete Dost Mohammad eine Offerte des russischen Zaren Nikolaus I.: Russland würde ihn im Kampf gegen die Sikhs unterstützen, wenn dafür Kandahar dem Reich der Qajaren einverleibt werde und die Dil-Brüder, die bereits in diesen Handel eingewilligt hätten, Herat erhielten. Durch die Aufnahme russisch-afghanischer Verhandlungen sahen die Briten ihre Interessensphäre direkt bedroht und interpretierten das Verhalten Dost Mohammads als einen nicht hinnehmbaren Affront. Sie zogen ihre Mission aus Afghanistan ab und erklärten Dost Mohammad kurzerhand den Krieg.

Das Vorspiel zum ersten anglo-afghanischen Krieg war die britische Besetzung der Insel Kharq im Persischen Golf. Die Qajaren sahen sich gezwungen, im Austausch für diese strategisch wichtige Insel die Belagerung Herats abzubrechen und aus Afghanistan abzuziehen. Parallel konnten für den Feldzug gegen den «russenfreundlichen» Dost Mohammad die Sikhs gewonnen werden, wenngleich sie den britischen Truppen den Durchzug durch ihr eigenes Reich verwehrten. Als Kriegsgrund wurde im Simla Manifesto von Oktober 1838 Dost Mohammad die unrechtmäßige Aneignung des Kabuler Throns vorgeworfen. Die Briten erhoben Schah Schoja', der sich ja im indischen Exil aufhielt, zum «rechtmäßigen Herrscher Afghanistans». Im Dezember 1838 brach die sogenannte Indus-Armee auf, die über 20 000 Mann, 38 000 Trossangehörige und 30 000 Kamele zählte. Die Ausstattung dieser Armee bietet ein schillerndes Stück Kolonialgeschichte: So transportierten zwei Kamele die Zigarrenvorräte für die Offiziere, wurden Fuchsjagden mitgeführt und bestand der Tross eines britischen Offiziers nicht selten aus 40 Dienern und 60 Kamelen. Dieser Zug erreichte über Quetta kommend am 25. April 1839 Kandahar, am 21. Juli Ghazni und schließlich am 7. August Kabul, ohne dass ihrem Vordringen nennenswerte Gegenwehr entgegengesetzt wurde. Dost Mohammad erkannte die Zeichen der Zeit und floh über den Hindukusch nach Norden, während Schah Schoja' nach 30 Jahren wieder den Kabuler Thron bestieg.

Jedoch mussten die Briten erkennen, dass sie in Afghanistan stationiert bleiben mussten, um die Herrschaft des schwachen Schah Schoja' abzusichern. So richteten sie Besatzungseinheiten in Ghazni, Kandahar, Jalalabad, Charikar und Bamyan ein. In Kabul, wo sich das Gros ihrer Truppen konzentrierte, bezog die Indus-Armee ein provisorisches, kaum geschütztes Lager in der Ebene nördlich Kabuls, während sich die britischen Diplomaten Sir William Macnaghten und Alexander Burnes in der Stadt einrichteten. Die Briten sahen davon ab, sich in der Bala Hissar, der Königsburg, die Schah Schoja' bezogen hatte, zu verschanzen, um nicht zu sehr den Anschein einer Besatzungsmacht zu erwecken. Die friedliche Atmosphäre, die sich den Briten 1839 in Afghanistan bot, war jedoch trügerisch. Bereits im Sommer 1840 versuchte Dost Mohammad, mit usbekischen Truppen von Norden her den Thron zurückzuerobern. Als sein Unterfangen misslang, ergab er sich den Briten und ging ins Exil nach Indien. Zwar blieb es die folgenden Monate in Kabul ruhig, aber gegen Ende des Jahres 1841 wendete sich das Blatt dramatisch. Entscheidender Anlass war, dass die Tory-Regierung, die in London an die Macht kam, das Geld für die Afghanistanunternehmung kürzte. Folglich verringerten sich die Subsidien, die die Briten an die Stämme der Ghilzai zahlten, um die Straße nach Peschawar freizuhalten. Die Ghilzai antworteten prompt mit einer

Blockade der Straße. Währenddessen gewann in Kabul eine antibritische Stimmung die Oberhand. Am 2. November wurde Alexander Burnes in seinem Haus nach mehrstündigen Gefechten von afghanischen Aufständigen erschossen. Nun erhoben sich die Afghanen unter Führung Mohammad Akbars, des Sohns von Dost Mohammad, gegen die Briten. Macnaghten, der in den folgenden Wochen bemüht war, mit Mohammad Akbar eine Einigung zu erzielen, ereilte am 23. Dezember das gleiche Schicksal wie Burnes. Er wurde wahrscheinlich von Mohammad Akbar selbst ermordet. Ein aufgebrachter Mob schleifte seinen geköpften und verstümmelten Leichnam durch die Gassen des Kabuler Bazars. Die Briten, deren Lage immer brenzliger wurde, willigten schließlich ein, gegen freies Geleit aus Kabul abzuziehen. Am 6. Januar 1842 setzte sich in klirrender Kälte von Kabul ein Zug, bestehend aus 4500 Soldaten und 12 000 Trossangehörigen, darunter Frauen und Kinder, in Bewegung. Bereits am ersten Pass, dem Khurd Kabul, fielen beutehungrige afghanische Krieger über den Tross her. Wer nicht den mordenden Afghanen zum Opfer fiel, starb den Kältetod. Die wenigen Überlebenden kämpften sich weiter in Richtung Jalalabad durch, wurden aber durch andauernde Attacken weiter dezimiert. Am 13. Januar erreichte als Einziger Dr. Brydon das rettende Fort von Jalalabad. Weitere Überlebende waren 88 Offiziere, 12 Frauen und 22 Kinder, die Mohammad Akbar gefangen genommen hatte und denen im Herbst 1842 die Flucht gelang. Die Dramatik dieses Ereignisses hat Theodor Fontane in einem seiner eindrucksvollsten Gedichte festgehalten (siehe Kasten).

Dieses erniedrigende Erlebnis sollte sich im kollektiven Gedächtnis der Briten tief einbrennen. Es stellte für das britische Empire die verlustreichste Niederlage seiner Kolonialgeschichte dar. Noch verheerender war die psychologische Folge: Die Briten verloren ihren Nimbus der Unbesiegbarkeit. Auch war nun das Verhältnis zwischen Afghanen und Briten tief gestört und von gegenseitigem Misstrauen und Argwohn geprägt. Dies hatte zur Folge, dass Afghanistan bis zu Beginn des 20. Jahrhunderts weitgehend von der Außenwelt abgeschottet blieb und nur wenige Fremde die Möglichkeit hatten, das Land zu bereisen.

Nur mit Mühe und Not vermochten es die britischen Garnisonen in Jalalabad und Kandahar, sich in den kommenden Monaten gegen die Angriffe afghanischer Stämme zu wehren. Im Sommer führten

Das Trauerspiel von Afghanistan

Der Schnee leise stäubend vom Himmel fällt,
Ein Reiter vor Dschellalabad hält,
»Wer da!« – »Ein britischer Reitersmann,
Bringe Botschaft aus Afghanistan.«

Afghanistan! Er sprach so matt;
Es umdrängt den Reiter die halbe Stadt,
Sir Robert Sale, der Kommandant,
Hebt ihn vom Rosse mit eigener Hand.

Sie führen ins steinerne Wachthaus ihn,
Sie setzen ihn nieder an den Kamin,
Wie wärmt ihn das Feuer, wie labt ihn das Licht,
Er atmet hoch auf und dankt und spricht:

»Wir waren dreizehntausend Mann,
Von Kabul unser Zug begann,
Soldaten, Führer, Weib und Kind,
Erstarrt, erschlagen, verraten sind.

Zersprengt ist unser ganzes Heer,
Was lebt, irrt draußen in Nacht umher,
Mir hat ein Gott die Rettung gegönnt,
Seht zu, ob den Rest ihr retten könnt.«

Sir Robert stieg auf den Festungswall,
Offiziere, Soldaten folgten ihm all,
Sir Robert sprach: »Der Schnee fällt dicht,
Die uns suchen, sie können uns finden nicht.

Sie irren wie Blinde und sind uns so nah,
So laßt sie's hören, daß wir da,
Stimmt an ein Lied von Heimat und Haus,
Trompeter, blast in die Nacht hinaus!«

Da huben sie an und sie wurden's nicht müd,
Durch die Nacht hin klang es Lied um Lied,
Erst englische Lieder mit fröhlichem Klang,
Dann Hochlandslieder wie Klagegesang.

Sie bliesen die Nacht und über den Tag,
Laut wie nur die Liebe rufen mag,
Sie bliesen – es kam die zweite Nacht,
Umsonst, daß ihr ruft, umsonst, daß ihr wacht.

Die hören sollen, sie hören nicht mehr,
Vernichtet ist das ganze Heer,
Mit dreizehntausend der Zug begann,
Einer kam heim aus Afghanistan.
Theodor Fontane, 1858

die auf Vergeltung sinnenden Briten eine groß angelegte Offensive durch, um das Ansehen Englands wieder herzustellen. Britische Truppen schlugen das Heer Mohmmad Akbars zwischen Ghazni und Kandahar und nahmen im September 1842 Kabul ein. Als Akte der Vergeltung zerstörten sie den Kabuler Bazar und Istalef, einen Ort nördlich von Kabul. Obgleich dieser Feldzug den Briten eine gewisse Genugtuung verschaffte, löste er nicht das Problem, wie es mit Afghanistan weitergehen sollte. Einerseits wollten sich die Briten so schnell wie möglich aus Afghanistan zurückziehen, da die Kosten für die Besetzung des Landes in keinem Verhältnis zu seinem ökonomischen Wert standen. Andererseits war jedoch kein afghanischer Verbündeter in Sicht, der in der Lage war, die Dinge in den Griff zu bekommen. So brachen in Kabul bereits im Winter 1842 offene Thronstreitigkeiten zwischen den Sadozai und Mohammadzai aus. Im April 1842 fiel Schah Schoja' einem Attentat zum Opfer. Seine Söhne Fateh Jang und Schapur übernahmen nacheinander im Sommer 1842 kurzzeitig die Macht, sahen sich aber gezwungen, ins britische Exil zu gehen, da sie Kabul nicht unter Kontrolle bringen konnten. Schließlich kamen die Briten zu einer Lösung, die den ersten anglo-afghanischen Krieg vollends ad absurdum führte. Ausgerechnet in Dost Mohmmad, dessen Absetzung wesentliches Ziel der Kriegserklärung von 1839 gewesen war, wurde nun der einzig mögliche Kandidat gesehen, um eine dauerhafte politische Ordnung wiederherzustellen und sich aus dem Afghanistanabenteuer zurückzuziehen. Freilich bedurfte es einiger Veränderungen in der britische Führung, um diese Lösung gangbar zu machen. So hatten in London 1841 die Liberalen unter Robert Peel das Ruder übernommen, die Lord Auckland, der sich gegen eine Wiedereinsetzung Dost Mohammads gesperrt hatte, durch Lord Ellenborough ersetzten.

Dost Mohammad, der 1843 nach Kabul zurückkehrte, während sich gleichzeitig die Briten aus Afghanistan zurückzogen, sollte das Vertrauen Londons nicht enttäuschen. Obgleich auf Drängen seines tatendurstigen und anti-britisch eingestellten Sohnes Mohammad Akbar afghanische Einheiten an den Kämpfen der Sikhs gegen die Briten 1845/46 und 1848/49 teilnahmen, hielt er sich weitgehend aus dem Konflikt heraus. Als die Briten 1849 endgültig die Sikhs besiegt hatten und das Reich der Sikhs dem ihren einverleibten, grenzten die britischen Besitzungen direkt an Afghanistan. Der Tod

Mohammad Akbars entspannte das Verhältnis zwischen Dost Mohammad und den Briten. Das Abkommen von Peschawar 1855 sah vor, dass Frieden zwischen beiden Ländern herrschen soll, die East Indian Company sich nicht in Afghanistan einmischt, Dost Mohammad sämtliche Ansprüche auf Belutschistan und Sindh abtritt und er «der Freund der Freunde der Company und der Feind ihrer Feinde sei». Wie ernst beide Parteien dieses Abkommen nahmen, wurde in den folgenden drei Jahren deutlich: Als der Qajare Nasr al-din Schah im Oktober 1856 Herat einnahm, zogen die Briten gegen Persien und sorgten in einem kurzen Krieg dafür, dass Persien ein für alle Mal seine Ansprüche auf Herat aufgab. Beim großen Aufstand («mutiny») in Indien 1857/58 hielt sich Dost Mohammad seinerseits an die Abmachungen und fiel den Briten nicht in den Rücken, was wohl dazu geführt hätte, dass «England alle Gebiete nördlich Bengalens verloren hätte» (General Roberts).

Dost Mohammad gelang es während seiner Regierungszeit, in zahlreichen Feldzügen seine Herrschaft über die Region Kabul und Ghazni hinaus auszudehnen. Zunächst führten ihn seine Eroberungszüge in den Norden, wo er sukzessiv die usbekischen Khanate südlich des Amu Darya und schließlich zwischen 1850 und 1855 auch Badakhschan unterwarf. 1855 nutzte er Streitigkeiten zwischen den Führern in Kandahar aus, um auch diese Stadt endlich zu annektieren. Wie schwierig es für ihn war, die Situation in Kandahar unter Kontrolle zu bringen, wird aus der Tatsache ersichtlich, dass er sich ein ganzes Jahr lang in der Stadt aufhalten musste. Jedoch wurde Afghanistan immer wieder von Aufständen erschüttert. Scher 'Ali, einer der Söhne und späterer Nachfolger Dost Mohammads, unternahm allein sechs Feldzüge gegen die Ghilzai. Schließlich unterwarf Dost Mohammad 1863 Herat. Damit war es zum ersten Mal seit über 50 Jahren einem afghanischen Herrscher wieder gelungen, alle Zentren der Macht unter sich zu vereinen. Jedoch währte dieser Zustand nur ganze zwei Wochen, da Dost Mohammad kurz nach der Einnahme von Herat starb.

Scher 'Ali und der zweite anglo-afghanische Krieg

Die ersten fünf Jahre nach dem Tod Dost Mohammads erschütterten gewaltsame Thronstreitigkeiten seiner Söhne. Scher 'Ali, den Dost Mohammad als Nachfolger auserkoren hatte, musste sich –

ganz in afghanischer Tradition – zunächst gegen seine älteren Halbbrüder Mohammad Afzal und Mohammad A'zam und anschliessend gegen seine Vollbrüder Mohammad Amin und Mohammad Scharif durchsetzen. Doch währte die erste Herrschaftsperiode Scher 'Alis nicht lang. Denn bereits 1866 betrat 'Abdur Rahman, der Sohn von Mohammad Afzal, die politische Bühne, der die Geschichte Afghanistans noch nachhaltig prägen sollte. 'Abdur Rahman gelang es, Scher 'Ali aus Kabul zu vertreiben und seinen Vater auf den Thron zu setzen. Jedoch starb Mohammad Afzal bereits im Folgejahr und wurde von seinem Bruder Mohammad A'zam beerbt, dessen eigensinnige Politik bald das ganze Land gegen ihn aufbrachte. Erneut war es Scher 'Ali, der 1868 aus seinem Zufluchtsort Herat aufbrach, Kabul einnahm und im Januar 1869 das Heer von Mohammad A'zam besiegte. Zusammen mit 'Abdur Rahman floh Mohammad A'zam über Maschhad nach Bukhara. Hier wartete 'Abdur Rahman elf Jahre auf die Gelegenheit, wieder in den Machtpoker in Afghanistan einzugreifen.

Bis Ende 1878 konnte Scher 'Ali ungestört das Land regieren. Im Unterschied zu seinen Vorgängern band er kaum noch Familienmitglieder und den Durrani-Adel in die Regierungsgeschäfte ein. Mit seinen beiden Söhnen hatte er sich bald überworfen: Mohammad Ayub suchte 1873 Zuflucht in Persien, während Ya'qub im Kabuler Gefängnis landete. Die Regierungsgeschäfte legte Scher 'Ali in die Hände von Qizilbasch, Sayyeds sowie paschtunischen Führern der Jabbar Khel Ghilzai und Wardak. Unter seiner Herrschaft erlebte Afghanistan einen ersten Modernisierungsschub. Die informelle Stammesversammlung verwandelte er in ein Kabinett nach europäischem Vorbild. Herzstück seiner Reformen war die Modernisierung des Militärs, mit dem Ziel, Stammesstrukturen durch zentralistische Befehlsstrukturen zu ersetzen. In diesem Zusammenhang entstanden auch eine erste Militärakademie und eine zivile Schule für Angehörige der Stammesaristokratie. Auch stellte Scher 'Ali das Steuersystem von Naturalien auf Geldwirtschaft um, und es wurde die erste Monatszeitschrift *schams an-nahar* herausgegeben. Seine Reformen waren stark von den britisch-indischen Vorbildern inspiriert, dagegen kaum, wie vielfach angenommen, von Sayyed Jamalud-Din Afghani, einem der berühmtesten islamischen Gelehrten seiner Zeit, der bis 1868 in Afghanistan gelebt hatte. Jedoch wiesen die dominierenden Stammesloyalitäten Scher 'Alis Vision eines modernen, von einer Meritokratie getragenen Staats in ihre Schranken. So sah er sich immer wieder gezwungen, tribale Interessen zu berücksichtigen.

Die Briten hielten sich aus den Thronstreitigkeiten Mitte der sechziger Jahre heraus, abgesehen davon, dass sie Scher ʿAli nach seiner Thronsicherung mit Waffengeschenken versahen. Gerade vor dem Hintergrund des ersten anglo-afghanischen Kriegs hatte sich unter den Briten der Leitsatz «back to the Indus» (Lawrence, Vizekönig Indiens) durchgesetzt, also der Grundsatz, nach Möglichkeit nicht in die afghanischen Angelegenheiten einzugreifen. Erst seit den 1870er Jahren tasteten sich die Briten langsam wieder an Afghanistan heran, indem sie die unsichere Nordwestflanke ihres Reiches zu sichern begannen. So versuchten sie, die paschtunischen Stammesgebiete in ihrem Hoheitsgebiet unter ihre Kontrolle zu bekommen. Diesem Ziel dienten das Sandeman-System, das den Ausbau von Militärposten und Infrastruktur (v. a. Eisenbahn) vorsah, sowie die Frontier Crimes Regulation von 1872, die die Stämme unter ein Rechtssystem zwang.

Aufgrund dieser Nichteinmischungspolitik war es nicht der Wunsch der Briten, sondern Scher ʿAlis, dass 1869 im indischen Ambala Verhandlungen zwischen beiden Regierungen stattfanden. Vor dem Hintergrund der Machtkämpfe Mitte der sechziger Jahre erbat Scher ʿAli von den Briten eine Anerkennung seiner Dynastie und die Verpflichtung der Briten, «Gegner seiner Gegner» zu sein. Hintergrund dieser Forderung war, dass sich Afghanistan durch die rasante Ausbreitung Russlands in Mittelasien bedroht sah. So hatte das Zarenreich 1860 Taschkent und 1868 Samarkand erobert sowie das Khanat von Bukhara in seine Abhängigkeit gebracht und bedrohte die Turkmenen in Merw. Um das Zepter in der Hand zu behalten, lehnten die Briten beide Forderungen ab und versuchten, die Dinge auf dem diplomatischen Parkett zu regeln. So legte das 1872 zwischen London und St. Petersburg vereinbarte Clarendon-Gortschakow-Abkommen – über den Kopf Scher ʿAlis hinweg – den Amu Darya als Grenze zwischen Afghanistan und der russischen Einflusssphäre fest. Auf dieses Abkommen verweisend, lehnten die Briten im Juli 1873 erneut die Forderungen Scher ʿAlis ab, obgleich die Russen bereits in die Oase von Khiwa vorgedrungen waren.

Eine Veränderung der Lage wurde wieder einmal durch einen Regierungswechsel in London herbeigeführt. Nun übernahm der

Konservative Disraeli die Macht, der ein Verfechter einer «forward policy» in Afghanistan war. Aufgrund dieser veränderten Politik trat Lord Northbrook als Vizekönig zurück und wurde durch Lord Lytton ersetzt. Nun war es die britische Seite, die auf ein Bündnis mit Scher ʿAli drängte. Die zuvor gescheiterten Verhandlungen hatten jedoch dessen Vertrauen in die Briten zerstört und das afghanisch-britische Verhältnis abgekühlt. 1877 begann ein mit Affronts gespickter Briefwechsel zwischen Scher ʿAli und Lytton, in dem sich Scher ʿAli nicht gewillt zeigte, eine ständige britische Mission in Afghanistan zuzulassen. Erneut waren es die Russen, die die Situation zuspitzten, indem sie eine Delegation unter General Stoljetow nach Kabul schickten, die am 22. Juli 1878 eintraf und Scher ʿAli Avancen machte. Auch Lytton forcierte den Druck auf Scher ʿAli, indem er ohne Absprache eine Mission gen Kabul entsandte. Als diese am 21. September an der afghanischen Grenze abgewiesen wurde, sah sich Lytton so brüskiert, dass England Afghanistan zum zweiten Mal den Krieg erklärte. Zwar erhielt Lytton noch am 19. Oktober einen Brief Scher ʿAlis, in dem dieser sich bereit erklärte, eine britische Mission zu empfangen, sich aber nicht für seinen Tonfall entschuldigte. Daher sah Lytton keine Notwendigkeit, den Krieg abzublasen.

In vielerlei Hinsicht ähnelte der Verlauf des zweiten dem des ersten anglo-afghanischen Kriegs. Aufgrund der britischen Mobilmachung erkannte Scher ʿAli seine aussichtslose Lage und dankte zu Gunsten seines Sohnes Yaʿqub ab. Er floh mit der Stoljetow-Mission nach Norden, wo er kurz darauf am 21. Februar 1879 in Mazar-i Scharif starb. Währenddessen marschierte die britische Streitmacht an verschiedenen Fronten nach Afghanistan ein: Anfang Januar 1879 nahmen die Briten Kandahar ein und näherten sich gleichzeitig entlang des Kabul-Flusses der Hauptstadt. Yaʿqub konnte das britische Vordringen dadurch stoppen, dass er im Vertrag von Gandomak (26. Mai 1879) die Forderungen der Briten nach einer permanenten britischen Mission in Kabul und der Abtretung der strategisch wichtigen Gebiete Kurram, Pischin, Sibi und des Khyber-Passes bedingungslos annahm. Diesen Vertrag empfinden Afghanen bis heute als «Schandfleck in der Geschichte» (ʿAbdul-Hayy Habibi) ihres Landes.

Die britische Mission in Kabul unter Führung von Sir Louis Cavagnari sollte jedoch nicht lange währen. Bereits sechs Wochen nach ihrer Einrichtung metzelten aufgebrachte afghanische Soldaten die Angehörigen der Mission nieder. Ya'qub Khan, der durch den Vertrag von Gandomak in Misskredit geraten war, sah sein eigenes Leben bedroht und floh nach Britisch-Indien, wo er 1923 im Exil starb. Die Briten ihrerseits marschierten unter Führung General Roberts' erneut nach Afghanistan ein und besetzten am 12. Oktober 1879 Kabul. Roberts nahm nun Rache: Reihenweise wurden Afghanen verhaftet und weit über einhundert fanden den Tod durch den Strick. Jedoch gerieten die Briten bald in Bedrängnis. So rief der betagte Mullah Muschk-i 'Alam den Jihad aus, was eine landesweite Erhebung gegen die Briten auslöste. Britische Truppen, die sich den Aufständischen im Feld entgegenstellten, entgingen nur knapp der völligen Vernichtung. Das Blatt wendete sich erst, als die Briten einen Angriff der Afghanen auf ihr Lager bei Kabul am 23. Dezember ohne große Mühe zurückschlagen konnten. Von diesem Misserfolg entmutigt, löste sich die afghanische Stammesarmee auf. Die Spannungen hielten jedoch an und verlagerten sich in den Süden des Landes. So hatte Ayub, der zweite Sohn Scher 'Alis, von Persien aus Herat erobert und am 27. Juli 1880 in der für Afghanen denkwürdigen Schlacht von Maiwand britische Truppen geschlagen. Nun bedrohte Ayub die britischen Kontingente in Kandahar. Erst das Auftreten britischer Ersatztruppen, die unter Führung General Roberts einen Gewaltmarsch aus Kabul zurückgelegt hatten, zwang ihn zum Abbruch der Belagerung.

Aufgrund der unübersichtlichen Zustände in Afghanistan sowie der hohen Kosten, die das britische Engagement forderte, diskutierte das britische Parlament leidenschaftlich und mit vielen Varianten, wie mit Afghanistan weiter zu verfahren sei. So traten Politiker wie Lord Salisbury dafür ein, Afghanistan in viele kleine Fürstentümer zu zersprengen. Andere, wie Lord Lytton, schlugen vor, neben Afghanistan einen zweiten Staat zu gründen, der Herat, Merw und Balkh umfassen sollte. Die regierenden Konservativen votierten dafür, dass Herat Persien zugeschlagen, Kandahar unter britische Hoheit gestellt und die Konkursmasse um Kabul den Afghanen belassen werden sollte. Das Auftreten 'Abdur Rahmans, der im Frühjahr 1880 aus seinem Exil in Bukhara nach Nordafghanistan zurückgekehrt war und schnell eine große Anhängerschaft um sich scharen konnte, brachte Fahrt in die britischen Pläne. So drängte Lytton die britische Regierung dazu, 'Abdur Rahman als neuen Emir anzuerkennen. Dass die Briten ʿAbdur Rahman, der ihnen durch seinen Aufenthalt im russischen Exil hätte verdächtig sein müssen, unverzüglich auf den Thron hoben, verdeutlicht ihren geringen Handlungsspielraum. ʿAbdur Rahman wurde am 22. Juli in Abwesenheit als neuer Emir in Kabul proklamiert. Zuvor hatte er den Verzicht auf Herat und Kandahar sowie auf ausländische Beziehungen, außer mit Großbritannien, zugesichert, wodurch er den Status Afghanistans als halbautonomes Protektorat anerkannte. Im Gegenzug erreichte er den völligen Abzug britischer Diplomaten und Truppen aus Kabul. Die Situation am Ende des zweiten anglo-afghanischen Kriegs war damit durch eine Aufteilung der drei Machtzentren gekennzeichnet: ʿAbdur Rahman beherrschte Kabul, Ayub Herat und England Kandahar. So stand es Ende des 19. Jahrhunderts noch in den Sternen, ob und in welcher Form ein Reich oder Staat Afghanistan realisiert werden sollte.

6. Vom Stammesfürstentum zum Staat

(1880–1930)

(Abdur Rahman, der eiserne Emir
(1880–1901)

Der Spielraum ʿAbdur Rahmans entsprach zunächst ganz den Zuständen, wie sie für das 19. Jahrhundert kennzeichnend waren. Dennoch entwickelte sich in seiner zwanzigjährigen Herrschaft aus der «Pufferzone Afghanistan», die durch ein zentrifugales und undurchsichtiges Machtgeflecht charakterisiert war, ein straff organisierter «Staat Afghanistan». Um seinen Machtanspruch durchzusetzen, errichtete ʿAbdur Rahman eine repressive Herrschaft, die auf einem dichten Spitzelwesen aufbaute und jede Opposition mit Gewalt beantwortete. Die Liste der Afghanen, die unter ʿAbdur Rahman ermordet wurden oder ins Exil flüchteten, ist lang. Diese Härte brachte ihm den Beinamen «der eiserne Emir» ein.

Wesentlicher Grundstein für die Staatswerdung Afghanistans war die Festlegung exakter Grenzen, die bis heute unverändert sind. Die Tatsache, dass überhaupt ein Staat «Afghanistan» ins Leben gerufen wurde, ist darauf zurückzuführen, dass die Liberalen, die diese Möglichkeit favorisierten, 1880 in England wieder an die Macht gelangten. Das britische Parlament beschloss 1881, Truppen aus Kandahar abzuziehen und die Stadt ʿAbdur Rahman zu überlassen. Die Grenzfestlegung des afghanischen Territoriums erfolgte zwischen 1887 und 1895. Auslöser für eine erste Grenzbestimmung war die russische Einnahme von Merw (1884) und das Vordringen russischer Truppen in die von Afghanistan kontrollierte Oase von Panj Deh. Britisch-Indien konnte die russische Offensive durch die Einrichtung einer russisch-britischen Grenzkommission auffangen, die 1887 die afghanische Nordgrenze absteckte. Allerdings ging Panjh Deh an die Russen verloren. Der Amu Darya wurde erst 1895 als Staatsgrenze zwischen dem russischen Protektorat Bukhara und dem Nordosten Afghanistans bestimmt. Im Pamir-Abkommen (1893) erhielt Afghanistan mit dem Wakhan-Korridor eine Verbindung zu China, so dass es in seiner ganzen Ausdehnung der Funktion als Puffer zwischen Britisch-Indien und Russland gerecht wurde. Der Durand-Vertrag, der am 12. November 1893 zwischen Britisch-Indien und Afghanistan geschlossen wurde, regelte den Verlauf der südlichen und östlichen Grenze Afghanistans. Es ist jedoch unklar, ob ʿAbdur Rahman unter der Durand-Linie eine Grenze politischer Verantwortlichkeit oder internationaler Gültigkeit verstand. Insgesamt kann das Staatsterritorium Afghanistans als ein künstliches koloniales Gebilde par excellence beschrieben werden, da Russland und Britisch-Indien die Grenzfestlegung über den Kopf ʿAbdur Rahmans hinweg bestimmten. Diese Grenzziehung legte ein Territorium fest, das in dieser Form kaum über historische Wurzeln verfügte und ein Konglomerat zahlreicher Gruppen mit unterschiedlichen Gesellschafts- und Herrschaftsstrukturen beherbergte. Die Nordgrenze verlief mitten durch die Siedlungsgebiete der Usbeken und Turkmenen und teilte auch das kulturell recht homogene Fürstentum Badakhschan. Die Durand-Linie zerschnitt im Nordosten Kafiristan, weiter südlich die Stammesgebiete der Paschtunen und im Südwesten die der Belutschen. Den Abschluss dieses Vertrags haben vor allem die Paschtunen bis heute ʿAbdur Rahman nicht verziehen. Kernproblem der Gründung Afghanistans war schließlich der Widerspruch zwischen seinem Namen und seiner Bevölkerung. Denn viele Einwohner dieses neuen Staats waren keine Paschtunen und gehörten damit nicht der nominellen nationalen Kategorie «Afghane» an.

Die Grenzfestlegung Afghanistans brachte Beruhigung in das *Great Game*, so dass sich ʿAbdur Rahman – mit finanzieller und militärischer Unterstützung der Engländer – dem Ausbau seiner Machtbasis sowie der Zentralisierung seines Landes widmen konnte. Die territoriale Festlegung bedingte, dass sich seine Herrschaft nicht mehr über die Anzahl der Stämme und Fürstentümer definierte, die seine Oberhoheit anerkannten, sondern über die Machtausübung über das afghanische Territorium. Ziel ʿAbdur Rahmans war es, alle Stämme sowie politischen und religiösen Führer, die auf diesem Territorium lebten und sich nur locker oder gar nicht dem Kabuler Thron verpflichtet fühlten, seiner Herrschaft zu unterwerfen. So richtete er in Kabul eine *jirga* ein, die zwar kaum Entscheidungsbefugnisse hatte, aber dafür sorgte, dass sich die Elite des Landes in der Hauptstadt – isoliert von ihrer Machtbasis – aufhalten musste.

Wer sich 'Abdur Rahman widersetzte oder für Unruhe sorgte, wurde mit Krieg überzogen. In seiner Regierungszeit schlug 'Abdur Rahman mehr als vierzig Aufstände nieder. Als erster musste Ayub Khan die Waffen vor ihm strecken. Obgleich Ayub zunächst 'Abdur Rahman zuvorkam und Kandahar nach Abzug der Briten besetzte, vertrieb ihn 'Abdur Rahman umgehend aus der Stadt. Er nahm im selben Feldzug Herat ein, so dass Ayub ins Exil nach Persien floh, wo er 1914 starb. In den nächsten Jahren folgten Feldzüge gegen die paschtunischen Stämme der Schinwari (1883), Mangal (1884) und Ghilzai (1886/87). 1888 zog 'Abdur Rahman nach Turkistan, um seinen Cousin Ishaq Khan, der Ansprüche auf den Thron erhoben hatte, zu bekämpfen. Zwischen 1888 und 1893 führte er mehrere Feldzüge gegen die in Zentralafghanistan lebenden schiitischen Hazaras. In der Endphase der Hazara-Kriege, die durch ihre besondere Grausamkeit traurige Berühmtheit erlangten, ließ 'Abdur Rahman den Jihad gegen die Hazaras ausrufen. Schließlich unterwarf er im Winter 1895/96 noch das abgelegene Kafiristan an der südlichen Abdachung des Hindukusch. Dieser Feldzug war mit der Islamisierung der Bewohner, die lokalen Religionen anhingen, verbunden. Symbolisch wurde Kafiristan in Nuristan (Land des Lichts) umbenannt, und die Nuristani stiegen zu Schutzbefohlenen der afghanischen Herrscher auf. So wurden Kinder der politischen Elite als *gholam bache* (Schützlinge) an den Kabuler Hof gebracht, wo sie selbst oder ihre Nachkommen hohe Ämter bekleideten. Flankiert waren diese Feldzüge 'Abdur Rahmans von einer Siedlungspolitik, die vor allem Umsiedlungen in das bevölkerungsarme und durch Russland bedrohte Nordafghanistan vorsah. Außer dem Effekt, unbotmäßige Untertanen durch eine Umsiedlung in ein fremdes Milieu zu zähmen, diente diese Politik der «Paschtunisierung» des Landes. So erhielten Paschtunen generell die ertragreichsten Ackerflächen zugewiesen und wurden paschtunische Nomaden in Zentralafghanistan auf Kosten der Hazaras mit den besten Weidegründen ausgestattet. Bis Mitte des 20. Jahrhunderts blieb die Ansiedlung von Paschtunen außerhalb ihres eigentlichen Siedlungsgebietes eine Konstante der afghanischen Herrschaftspolitik.

Auch die religiösen Führer entmachtete 'Abdur Rahman. So beraubte er die islamische Geistlichkeit ihrer Selbständigkeit, indem er ihr Stiftungsland *(waqf)* konfiszierte, sie zu staatlichen Angestellten machte und eine Vereinheitlichung der Scharia-Gerichte durchsetzte. Gleichzeitig nahm er den Titel «Zia al-millat wa al-Din» (Licht der Nation und des Glaubens) an, wodurch er sich als von Gott auserwählter Herrscher präsentierte, erhob den Islam zur Staatsreligion und erkläre Afghanistan zur letzten unabhängigen Bastion des sunnitischen Islam, die es gegen die «ungläubigen» Nachbarn zu verteidigen galt. Diese religiöse Definition des Staates vermittelte gerade der einfachen Bevölkerung eine eingängige, aber auch sehr missverständliche Vorstellung von Staatlichkeit. Staat und Herrscher wurden in den Augen der Afghanen auf ihre Funktion als Hüter der Religion beschränkt, was daher immer dann die Existenzberechtigung von Staat und Herrscher in Frage stellte, wenn diese den religiösen Vorstellungen nicht entsprachen. Dieses Verständnis sollte weitreichende Folgen haben.

Unter 'Abdur Rahman blieb Afghanistan ein isoliertes Land. So ließ er kaum Kontakte zur Außenwelt zu und erteilte dem Bau von Eisenbahnstrecken und Telegraphenlinien, die von Britisch-Indien und Russland bereits bis an die Grenze des Landes gelegt worden waren, eine Absage. Auch in wirtschaftlicher und sozialer Hinsicht stagnierte Afghanistan. 'Abdur Rahmans größte Reformleistungen dienten allein der Konsolidierung seiner Macht, so der Modernisierung des Militär- und Polizeiwesens und der Verstaatlichung der Steuereintreibung, die bislang an Privatpersonen vergeben worden war. 'Abdur Rahman war im übrigen einer der wenigen afghanischen Herrscher, die im Besitz des Throns eines natürlichen Todes starben.

Habibullah und die Jungafghanen (1901–1919)

'Abdur Rahmans Sohn, Habibullah I., gelangte 1901 ohne die üblichen Thronstreitigkeiten an die Macht. Die lokalen Gesellschaftsstrukturen tastete er kaum an, und dank der Einschüchterungspolitik seines Vaters musste er nur selten mit Waffengewalt seinen Machtanspruch durchsetzen. Das traditionelle Establishment gewann unter Habibullah I. alte Rechte zurück und nahm wieder Einfluss auf die staatliche Politik. Er sprach eine Generalamnestie für alle Einwohner Afghanistans, die unter 'Abdur Rahman das Land verlassen hatten, aus. Obwohl er die Vorstellungen des damals populären Panislamismus nutzte, um sich die Unterstützung der religiösen Elite zu sichern, obsiegte während seiner Regierung letztlich die Realpolitik. So führte er nicht den von vielen Afghanen geforderten Befreiungskrieg gegen das «ungläubige» Britisch-Indien; auch blieb Afghanistan im Ersten Weltkrieg neutral, anstatt das Osmanische Reich zu unterstützten, das zu einem Jihad gegen die Alliierten aufgerufen hatte.

In der Regierungszeit Habibullahs I. entstand in Fortführung der bestehenden religiös begründeten Herrschaftsauffassung die afghanische Nationalbewegung der *jawanan-i afghan* (Jungafghanen). Diese auf den kleinen Kreis urbaner Intellektueller beschränkte Bewegung war stark von den panislamistischen Ideen der arabischen Aufklärer des 19. Jahrhunderts und den Reformen Atatürks beeinflusst und hatte ihren führenden Kopf in Mahmud Beg Tarzi, einem Mitglied des afghanischen Königshauses. Die Jungafghanen postulierten einen afghanischen Nationalismus, der die ethischen Grundwerte des Islam mit einer Modernisierung im westlichen Sinne verbinden sollte. Eigentliche Antriebsfeder für die Entstehung der Jungafghanen-Bewegung war der britische und russische Imperialismus, gegen den es sich zu wehren galt. Habibullah I. lehnte eine Modernisierung des afghanischen Gesellschaftssystems, wie es die Jungafghanen forderten, jedoch ab, obgleich er technischen Innovationen gegenüber aufgeschlossen war.

Amanullahs Vision eines modernen Afghanistan (1919–1929)

Die Ermordung Habibullahs I. während eines Jagdausflugs am 12. Februar 1919 löste umgehend Thronstreitigkeiten aus. Amanullah, Sohn Habibullahs I., war zu diesem Zeitpunkt Gouverneur von Kabul und setzte sich aufgrund seiner militärischen Stärke gegen seinen Onkel Nasrullah, der Habibullah I. auf die Jagd begleitet hatte und sich bereits als neuen Herrscher tituliert hatte, durch. Amanullahs Krönung fand am 27. Februar 1919 statt. Obgleich verschiedene Versionen über die Ermordung Habibullahs I. kursieren, wird immer wieder Amanullah als Hauptverdächtiger genannt. Um diesen dunklen Schatten, der über Amanullahs Herrschaftsantritt lag, zu vertreiben, stellten die Ausrufung der Unabhängigkeit Afghanistans und die Erklärung des Jihad gegen Britisch-Indien wirkungsvolle Instrumente dar. Amanullah nahm für sich in Anspruch, nicht allein die Interessen der Afghanen, sondern aller Muslime Südasiens zu vertreten. Infolge der afghanischen Kriegserklärung kam es am 3. Mai 1919 zum dritten anglo-afghanischen Krieg. Jedoch wurden die Kämpfe bald eingestellt: Großbritannien war durch den Ersten Weltkrieg kriegsmüde, und das afghanische Militär zeigte sich unfähig, die Briten ernsthaft herauszufordern. Die anschließenden Friedensverhandlungen bescherten Amanullah einen herausragenden Erfolg: Die Briten entließen Afghanistan am 8. August 1919 in die völlige Unabhängigkeit. Aber ein bitterer Beigeschmack blieb: Amanullah musste die Durand-Linie als Grenze anerkennen. Dennoch erhob die afghanische Bevölkerung Amanullah zum «König des Islam» und feierte ihn als Helden. Auf lange Sicht sollte er jedoch diesen Nimbus durch seine eigenwillige Politik verspielen. An seiner Stelle wurde in späteren Jahren sein Nachfolger Nader Schah, der in diesem dritten Krieg den Briten einige Niederlagen beigebracht hatte, als Held der nationalen Unabhängigkeit verehrt. Die neu gewonnene Unabhängigkeit nutzte Amanullah, um mit der jungen Sowjetunion diplomatische Kontakte aufzunehmen. Jedoch währten die freundschaftlichen Beziehungen zur Sowjetunion nicht lange, da die russische Einnahme des halbautonomen Khanats von Bukhara und die darauffolgenden Widerstandskämpfe der *basmachi*-Bewegung Afghanistan an die Seite der Widerständler brachte. In den folgenden Jahren wurde das Land zum Zufluchtsort von mindestens 250 000 muslimischen Flüchtlingen (*muhajerin*) aus Mittelasien. Um ein Gegengewicht zu ihnen zu schaffen, forcierten Amanullah sowie sein Nachfolger Nader Schah die Umsiedlung von Paschtunen nach Nordafghanistan.

Amanullahs wichtigste, wenn auch umstrittenste Tat war ein weitreichendes Reform- und Modernisierungsprogramm. Nicht unwesentlich hierfür dürfte gewesen sein, dass er den Ideen der Jungafghanen nahe stand und mit Soraya, der Tochter Mahmud Beg Tarzis, verheiratet war. Herzstück der Reformen war die Verkündung einer konstitutionellen Verfassung am 10. April 1923 nach dem Modell der laizistischen Türkei unter Mustafa Kemal Atatürk. Amanullah sah seine Herrschaft nicht durch göttlichen Willen oder seine Abstammung, sondern allein durch den Willen der «ehrenwerten Nation Afghanistans» legitimiert. Da er sich als Herrscher über ein weltliches Königreich und nicht über ein religiöses Emirat verstand, bezeichnete er sich zudem seit 7. Juni 1926 nicht mehr als

Emir, sondern als *pade schah* (König). In die gleiche Richtung ging das Verbot hierarchischer Standesbezeichnungen wie *sardar*, *khan* und *malik* – ein Edikt, das sich kaum umsetzen ließ. Mit solchen Maßnahmen hoffte Amanullah, die Macht der religiösen und politischen Eliten zu beschneiden. Die Verfassung erkannte zwar den sunnitischen Islam als *die* Religion Afghanistans an, doch sicherte sie religiösen Minoritäten wie den Schiiten, Sikhs und Hindus staatlichen Schutz zu. Weitere Eckpunkte der Verfassung waren die Festschreibung von Bürgerrechten, das Verbot der Sklaverei, die Einführung der Schulpflicht und die Einberufung einer Nationalversammlung *(schura-i melli)*. Natürlich stieß der Verfassungsentwurf auf Unverständnis. Die Idee der Staatsangehörigkeit war fremd und stand der partikularistischen Gesellschaftsorganisation, die auf Stammes- oder Klientelzugehörigkeit basierte, entgegen. In gleicher Weise entrüstete, dass Rechtgläubige und Ungläubige die gleiche rechtliche Stellung haben sollten, da eine Trennung religiöser und politischer Sphären unbekannt war.

Obgleich die konstitutionelle Verfassung die Rechte der traditionellen Elite einschränken sollte, war Amanullah auf deren Unterstützung angewiesen, um die Verfassung im Land durchzusetzen. Daher berief er 1924 eine *loya jirga* ein, auf der die aufgebrachten Delegierten das Primat des sunnitisch-hanafitischen Islam, die rechtliche Zurücksetzung religiöser Minderheiten sowie einige Modifizierungen der Verfassung erneut durchsetzten. Amanullahs Einlenken ist vor dem Hintergrund zu sehen, dass in Südostafghanistan unter Anführung von Mullah Lang (der lahme Mullah) und Mullah Abdul Raschid Sahak paschtunische Stämme rebellierten, die die Verfassung als unislamisch betrachteten. Erst Anfang 1925 konnte Amanullah diese Rebellion durch die Mobilisierung konkurrierender Stämme niederschlagen.

Nachdem die Verfassung und das Bildungsprogramm – Amanullah hatte im ganzen Land Schulen für Jungen, aber auch für Mädchen gründen lassen und junge Afghaninnen zum Studium in die Türkei geschickt – bereits für Unmut gesorgt hatten, leitete Amanullahs Europareise, die ihn 1927/28 über Indien und Ägypten nach Italien, Frankreich, Deutschland, England, die Sowjetunion, die Türkei und Iran führte, das Ende seiner Herrschaft ein. Den Ärger der Afghanen erweckte besonders, dass seine Frau Soraya unverschleiert durch Europa reiste. Zudem kursierten Gerüchte, dass er

Alkohol und Schweinefleisch zu sich genommen habe und nach einer Audienz beim Papst zum Christentum übergetreten sei. Nach seiner Rückkehr ging Amanullah – durch seine Europareise inspiriert – Reformen an, die den Nerv der afghanischen Bevölkerung trafen. Auf der *loya jirga* von 1928 eröffnete er den erstaunten Delegierten, dass in Kabul westliche Kleidung zu tragen sei, allgemeine Schulpflicht und Wehrdienst eingeführt, die Trennung von Religion und Staat vollzogen und schließlich Schleier, Polygamie und die Wegschließung von Frauen *(purdah)* abgeschafft werden sollten. Auch wenn Amanullah eine Absegnung seiner Reformen erreichte, waren die Teilnehmer der *loya jirga* zutiefst schockiert. Das Reformvorhaben verbreitete sich in Windeseile und wurde allseits als Provokation empfunden. Die Kritik konzentrierte sich besonders auf seine Frauenpolitik. Denn die von Amanullah forcierte Änderung der gesellschaftlichen Stellung der Frau stellte die Werte der Gesellschaftsordnung grundlegend in Frage. Er avancierte zum Inbegriff des fehlgeleiteten Herrschers, der seiner Funktion als «Hüter der Religion» nicht gerecht wurde. Seine Reformvorstellungen empfand die Bevölkerung als ein solch einschneidendes Ereignis, dass an ihnen die Politik aller folgenden Herrscher bis in die Gegenwart gemessen wird.

Die Erhebung des paschtunischen Stamms der Schinwari 1929 bildete das Fanal für einen allgemeinen Volksaufstand und den Sturz Amanullahs. Die führenden Familien, vor allem die religiös verehrte und einflussreiche Mojaddedi-Familie und ihr Oberhaupt des Hazrat-i Schor Bazar, fielen von Amanullah ab. Diese Aufstände verdeutlichten, wie gering die Machtbasis des Staats nach wie vor im Land war. Besonders die paschtunischen Stämme stellten unabhängige Machtfaktoren dar, die der Staatsgewalt jederzeit Paroli bieten konnten. Die Ausdehnung der Aufstände in den paschtunischen Stammesgebieten nutzte Habibullah Kalakani alias Bacha-ye Saqqao (Sohn des Wasserträgers), in dem die einen einen Banditen, die anderen einen «afghanischen Robin Hood» erblickten und der in Schomali, dem Umland nördlich Kabuls, über eine ansehnliche Hausmacht verfügte. Er vertrieb Amanullah aus Kabul und bestieg den Thron. Im bewussten Kontrast zu Amanullah verstand er seine Herrschaft als «gottgewollt», weshalb er sich am 16. Januar 1929 von dem angesehenen pir von Tagab zu Habibullah II., dem neuen Emir von Afghanistan, krönen ließ. Erlasse wie die Schließung der

Mädchenschulen und die Wiedereinführung der Schleierpflicht waren konsequente «islamische» Reaktionen auf Amanullahs Reformen. Mit Habibullah II., der aus einer tadschikischen Familie niedriger Herkunft stammte, lag nun erstmals seit fast 200 Jahren die Herrschaft in Kabul in der Hand eines Nicht-Paschtunen. Die Unterstützung für Habibullah II. resultierte jedoch vor allem aus der Tatsache, dass die Bevölkerung in ihm gegenüber Amanullah das kleinere Übel sah.

Amanullah gab sich mit seiner Vertreibung aus Kabul noch nicht geschlagen. Er floh nach Kandahar und organisierte von hier aus die Rückeroberung des Throns. Doch zeitigten seine Versuche wenig Erfolg, so dass er sich im Mai 1929 ins Exil nach Rom begab, wo er 1960 starb. Mit der Flucht Amanullahs brach jedoch auch die breite Unterstützung für Habibullah II. zusammen. Nachdem der Staat vierzig Jahre lang versucht hatte, die traditionellen Gesellschaftsordnungen und Machtstrukturen seinem Primat zu unterwerfen, rebellierte die Bevölkerung, sobald der Herrscher Schwäche zeigte: Das Ziel der einfachen Bevölkerung wie auch des traditionellen Establishments war es, den staatlichen Einfluss abzuschütteln. Denn mit dem Staat verband man allein negative Dinge wie gewaltsame Umsiedlung, Zwangsarbeit, Militärdienst, Steuern und Korruption. Habibullahs Aufgabe wurde im Grunde darin gesehen, sich selbst und damit den Staat überflüssig zu machen. Die Herrschaft Habibullahs II. erwies sich als chaotisch und ineffizient. Auch wurde ihm seine mangelnde politische Erfahrung und seine fehlende Bildung – er selbst war wie die Hälfte seines Kabinetts Analphabet – zur Last gelegt. Zudem gelang es ihm nicht, Steuern einzutreiben, so dass die Staatskasse bald leer war. Seine Anhänger begannen nun, die Kabuler Bevölkerung auszurauben und mit willkürlicher Gewalt zu überziehen.

Es war nur eine Frage der Zeit, wann paschtunische Stämme Habibullah II. stürzen würden. Nader Schah, einem Mohammadzai aus einer Nebenlinie der Herrscherfamilie, gelang es, paschtunische Stämme gegen ihn aufzuwiegeln und ihn nach neunmonatiger Regierung zu entmachten. Bereits unter Habibullah I. war Nader Schah zum ranghöchsten Militär aufgestiegen, hatte sich aber anschließend mit Amanullah überworfen und sich nach Südfrankreich zurückgezogen. Er mobilisierte die Stämme der Waziri und Mashud, die jenseits der Durand-Linie in Britisch-Indien lebten – also gar keine Einwohner Afghanistans waren – und die er bereits im dritten anglo-afghanischen Krieg gegen die Engländer aufgestachelt hatte. Diese Stämme, denen sich weitere paschtunische Stämme anschlossen, nahmen zunächst Jalalabad und dann Kabul ein. Das Hauptargument Nader Schahs war, dass ein Paschtune aus dem Stamm der Mohammadzai auf dem Kabuler Thron sitzen müsse. Doch trat das paschtunische Moment wohl hinter dem ökonomischen zurück: Nader Schah hatte den beutehungrigen Kriegern die Plünderung des Kabuler Bazars in Aussicht gestellt.

Im Rückblick bedeutet die Herrschaft Habibullahs II. für viele Paschtunen die schmerzliche Erfahrung, dass ihre Vorherrschaft nicht unumstritten war. Für viele Tadschiken, gerade aus Schomali, stieg Habibullah II. dagegen zu einem Helden auf, dem es gelungen war, die paschtunische Dominanz abzuschütteln. Wie umstritten seine Herrschaft in Afghanistan noch heute ist, zeigt sich daran, dass die meisten Paschtunen ihn abfällig als Bache-ye Saqqao (Sohn des Wasserträgers) bezeichnen, um seine niedrige Herkunft zu betonen, während Tadschiken ihn Habibullah II. titulieren, um die Rechtmäßigkeit seiner Herrschaft zu unterstreichen.

7. Zwischen Tradition und Fortschritt

(1930–1963)

Die Revolten der Jahre 1928 hatten gezeigt, dass die Stabilität des afghanischen Staatswesens erheblich vom Wohlwollen der zahlreichen politischen und religiösen Führer abhing. Daher war die Politik Nader Schahs (1930–1933) darauf ausgerichtet, die Interessengruppen, die seine Herrschaft gefährden konnten, fester an sich zu binden. Da er das größte Vertrauen in seine eigene Familie setzte, band er diese in die Machtausübung besonders ein. Die Musahiban-Familie bildete den Nukleus, aus dem sich das Kabinett Nader Schahs rekrutierte. Auch ließ Nader Schah in der konstitutionellen Verfassung von 1931 den Anspruch seiner Familie auf den afghanischen Thron festschreiben, um die Thronansprüche seines Clans gegenüber denen des Familienzweigs Amanullahs abzusichern.

Von Nader Schahs Herrschaft profitierten vor allem die Paschtunen. So verlieh er den paschtunischen Stämmen der Jaji und Mangal, die ihn auf den Thron gebracht hatten, militärische Ehrentitel und befreite die paschtunischen Stämme von der Wehr- und Schulpflicht. Entsprechend paschtunischen Rechtsvorstellungen ließ er sich im September 1930 von einer *loya jirga* zum neuen Schah wählen. Im Unterschied zu Amanullah, der in der *loya jirga* ein anachronistisches Übel gesehen hatte, auf das er notgedrungen angewiesen war, erhob Nader Schah die *loya jirga* zur höchsten rechtlichen und politischen Instanz, die alle wichtigen Entscheidungen treffen sollte. Doch zielten seine Maßnahmen eher darauf, das Vertrauen und Wohlwollen der Paschtunen zu gewinnen, als sie tatsächlich an der Machtausübung zu beteiligen. So betraute er keinen einzigen Stammesführer mit einem wichtigen Regierungsposten, und die tatsächlichen Entscheidungskompetenzen der *loya jirga* blieben beschränkt. Auch die *schura-i melli*, die Nader Schah wieder einsetzte, setzte sich aus handverlesenen Abgeordneten zusammen. Das Bekenntnis zum sunnitisch-hanafitischen Islam wurde in der Verfassung von 1931 wieder verankert. Der Islam war nun wieder Staatsreligion, die

Scharia wurde zur allgemeingültigen Rechtsordnung erhoben, nur Sunniten konnten in die höchsten Ämter gelangen, und mit der *jam'iat-ul'ulama* wurde ein Gremium geistlicher Gelehrter geschaffen, das die Rechtmäßigkeit der Legislative überprüfte. Die wichtigsten religiösen Führer (v. a. die Mojaddedi-Familie) band Nader Schah durch die Vergabe von Regierungsämtern an seine Person. Seine Außenpolitik stand interessanterweise im vollen Kontrast zur Betonung paschtunischer und islamischer Momente. Um nicht Britisch-Indien und die Sowjetunion gegen sich aufzubringen, verweigerte er dem Unabhängigkeitskampf der Paschtunen in Britsch-Indien wie auch der *basmachi*-Bewegung in Mittelasien die Unterstützung.

Nader Schahs Politik wird oft als restaurativ und repressiv bezeichnet. In der Tat ging er mit aller Härte gegen Aufständische wie in Koh Daman, dem Heimatort Habibullahs II., vor. Auch wird ihm zur Last gelegt, Habibullah II. 1929 ermordet zu haben, obwohl er ihm freies Geleit versprochen hatte. Dennoch darf nicht vergessen werden, dass Nader Schah auch einige Reformen und Modernisierungen wie die Schulpflicht für Jungen oder die Gründung einer medizinischen Fakultät in Angriff nahm, die dem Bild des reaktionären Herrschers widersprechen. Auch war Nader Schahs Verfassung der Amanullahs in vielen Bereichen recht ähnlich, nur war sie eben von religiösen Bezügen durchtränkt.

Nader Schahs Regierung fand 1933 ein abruptes Ende. Der Hintergrund war die Hinrichtung von Gholam Nabi Charkhi, einem treuen Anhänger Amanullahs, der unter paschtunischen Stämmen Stimmung gegen Nader Schah gemacht hatte. Die Reaktion folgte prompt: Im Juni 1933 wurde Nader Schahs älterer Bruder, Mohammad Aziz, in Berlin ermordet, und am 8. November 1933, dem ersten Todestag von Charkhi, fiel Nader Schah bei einem offiziellen Besuch der deutschen Nejat-Schule einem Attentat zum Opfer.

Auf Nader Schah folgte dessen Sohn Zaher Schah, der von 1933 bis 1973 herrschte und dem 2001 – nach langen Jahren des Exils – erneut eine politische Rolle zukommen sollte. Doch erst 1963 griff Zaher Schah selbst aktiv in die Politik ein, da von 1933 bis 1946 sein Onkel Mohammad Haschem Khan, von 1946 bis 1953 sein Onkel Schah Mahmud Khan und schließlich von 1953 bis 1963 sein Vetter Mohammad Daud Khan die Regierungsgeschäfte leiteten. Während Haschem Khan die autoritäre Politik Nader Schahs weiterführte, leitete Schah Mahmud zaghafte Schritte einer Demokratisierung ein. Daher ist die Amtszeit Schah Mahmuds durch Kontroversen zwischen reaktionären und traditionellen Kräften auf der einen Seite und Modernisierern und Demokraten auf der anderen Seite geprägt. Unter Letzteren ist vor allem die Bewegung *wikh-i zalmaiyan* (Erwachende Jugend) zu nennen, die einige des einhundert Delegierte umfassenden Parlaments stellte. Unter der Regentschaft Schah Mahmuds, der die Pressefreiheit ausweitete, entstanden zudem politische Zeitschriften und wurden politische Gefangene freigelassen – unter diesen Sayyed Mohammad Qasem, der direkt vom Sträfling zum Justizminister befördert wurde. Jedoch währte diese demokratische Phase nur kurz. Denn die demokratische Opposition überschritt die Toleranzschwelle, als sie 1951 die Absetzung der Regierung forderte. Als 1952 die achte *schura-i melli* einberufen wurde, blieben die oppositionellen Abgeordneten nicht nur außen vor, sondern wurden in größerer Zahl verhaftet. Einige Mitglieder von *wikh-i zalmaiyan* wurden erst nach Jahren wieder freigelassen.

Mit Mohammad Daud übernahm ein Machtmensch das höchste Regierungsamt, der einen autoritären Regierungsstil pflegte und die Modernisierung des Landes durch eine Stärkung des Staates anstrebte. Daud entsprach ganz dem damals weit verbreiteten Typ des selbstbewussten Dritte-Welt-Politikers und kann in eine Reihe mit Nasser, Nehru oder Sokarno gestellt werden. In seiner Regierungszeit dominierten zwei Politikfelder, die sich bereits unter Haschim Khan und Schah Mahmud herauskristallisiert hatten: auf der einen Seite die Paschtunistanfrage, die das Verhältnis zum benachbarten Pakistan bestimmen sollte, auf der anderen Seite die Modernisierung des Landes durch Entwicklungshilfe aus den USA und der Sowjetunion.

Die Paschtunistanfrage und Pakistan

Britisch-Indien hatte die paschtunischen Stämme im Grenzgebiet zu Afghanistan niemals befrieden können. Immer wieder kam es zwischen 1906 und 1919 zu heftigen Gefechten, die sich in den Jahren 1894, 1897, 1919/20, 1930 und 1934–1936 zu wahren Rebellionen steigerten. Unterstützung erhielten die Stämme häufig von der afghanischen Regierung, die die Stammesgebiete jenseits der Durand-Line zu ihrer Einflusssphäre rechnete. 1901 wurde das Gebiet westlich des Indus als North West Frontier Province (NWFP) in die Administration Britisch-Indiens eingegliedert; die bis heute autonomen Stammesgebiete wurden in verschiedene *Tribal Areas* aufgeteilt. Jedoch fußte der Widerstand der paschtunischen Stämme weniger auf einer gemeinsamen nationalen Vision, sondern entsprach einer Mischung aus dem Streben nach tribaler Unabhängigkeit und religiösem Fanatismus. Die Anführer vieler Aufstände waren Geistliche, wie der berühmte, in Deutschland ausgebildete Fakir von Ipi. Erst Mitte der zwanziger Jahre gewann zudem ein paschtunischer Nationalismus vor allem in der Ebene von Peschawar an Bedeutung, der von der Bewegung *Khuda'i Khidmatgar* (Diener Gottes), bekannter als *Red Shirts*, angeführt wurde. Diese stand den Ideen Gandhis nahe und trat für eine gewaltlose Abschüttelung der britischen Herrschaft ein. Gründer und Kopf dieser Bewegung war Khan Abdul Ghaffar Khan.

Mit dem Zusammenbruch Britisch-Indiens erfolgte nach der Durchführung eines stark umstrittenen Referendums der Anschluss der NWFP an Pakistan. Die Gründung eines eigenen Staats «Paschtunistan» oder der Anschluss an Afghanistan hatten nicht zur Wahl gestanden. Seit 1948 nahm die Paschtunistanfrage Gestalt an, da Afghanistan sich zum Anwalt aller Paschtunen machte. 1949 erklärte eine *loya jirga* das Grenzabkommen mit den Briten für null und nichtig und vertrat die Auffassung, dass Afghanistan ein Recht habe, sich für die Selbstbestimmung der Paschtunen jenseits der Durand-Linie einzusetzen. Im darauffolgenden Jahr erhob sich der Fakir von Ipi, was zu ersten Verwerfungen zwischen Kabul und Islamabad führte. Pakistan erzwang ein Ende des Konflikts durch die Blockade der Öleinfuhr nach Afghanistan. In den folgenden Jahren erwies sich die Schließung der Grenze für Pakistan als probates Mittel, um immer wieder das afghanische Einlenken zu erzwingen, wurde doch fast der gesamte Außenhandel Afghanistans über den Hafen von Karachi abgewickelt. Erneut flammte die Paschtunistanfrage 1955 auf und führte diesmal zu einer fünfmonatigen Schließung der Grenze. Schließlich eskalierte 1961 der Konflikt, als Daud afghanische Stammesmilizen nach Pakistan schickte, um die Stämme aufzuwiegeln. Diesmal schloss Pakistan die Grenze für 19 Monate, und beide Länder bewegten sich am Rand eines Krieges. Diese Blockade brachte nicht nur den Handel zum Erliegen, sondern führte auch dazu, dass Hunderttausende Nomaden ihre jährliche Wanderung aus Zentralafghanistan zum Indus nicht durchführen konnten und gezwungen waren, ihre Herden abzuschlachten. Erst ein Regimewechsel in Afghanistan konnte für Beruhigung sorgen.

Interessant ist, dass die Paschtunistanfrage zwar die Gemüter in Kabul und Islamabad erhitzte, jedoch die paschtunischen Stämme beiderseits der Durand-Linie kein wirkliches Interesse an ihr zeigten: Ihnen war es gleichgültig, ob ihre Unabhängigkeit von einem pakistanischen oder einem afghanischen Staat bedroht wurde. Sie verkauften ihre Loyalität althergebrachter Tradition entsprechend demjenigen, der sie materiell und finanziell am stärksten unterstützte, und revoltierten gegen denjenigen, der ihre Autonomie beschneiden wollte. Daher fasste der afghanische Staat auch nur sehr schleppend in den unzugänglichen Stammesgebieten Fuß und geriet selbst immer wieder in Konflike mit den Stämmen. Das staatliche Vorgehen gegen Händlernomaden, die auf illegalem Weg Waren aus Pakistan importierten, führte etwa in den dreißiger Jahren, aber auch noch bis in die sechziger Jahre hinein zu gewaltsamen Konflikten. Die Durchsetzung des Holzschmuggelverbots endete in den vierziger Jahren in Konfrontationen mit dem Stamm der Jadran. Unbotmäßige Stämme flüchteten immer wieder zu ihren Stammesbrüdern jenseits der Durand-Linie nach Pakistan, wenn der staatliche Druck zu groß wurde. Der Einführung des Personalausweises entzogen sich 1947 die Schinwari, Mohmand, Safi und Mangal durch die Flucht über die Durand-Linie, um ihre militärpflichtigen Männer nicht angeben zu müssen. Dieser Konflikt eskalierte in Kämpfen zwischen der afghanischen Armee und dem Stamm der Safi in den Jahren 1947 bis 1949. Die Ermordung eines militärischen Beamten hatte 1959 zur Folge, dass vorübergehend der gesamte Stamm der Mangal nach Pakistan floh. Auch in anderen Regionen des Landes flammten immer wieder Revolten auf, so etwa in Kandahar 1959. Aufgrund dieser innerafghanischen Konflikte rief Islamabad immer wieder Kabul auf, erst einmal ein Referendum bei der eigenen Bevölkerung durchzuführen, ob sie dem Staat Afghanistan angehören wollten, bevor man dies von Pakistan für die NWFP fordere. Die Gründung eines paschtunischen Staates oder die Verschmelzung mit Afghanistan zogen in Pakistan selbst glühendste paschtunische Nationalisten nicht ernsthaft in Erwägung.

Modernisierung zwischen den Fronten des Kalten Kriegs

Seit Beginn der dreißiger Jahre betrieb die afghanische Regierung eine Wirtschaftspolitik, die kaum über die Eintreibung von Steuern hinausging. Die staatliche Aktivität beschränkte sich im wesentlichen auf den Bau einer Autostraße über den Hindukusch und die Inbetriebnahme einer Baumwollfabrik in Pul-i Khumri 1938. Außerdem entstand mit der *Bank-i melli* (National Bank), die 'Abdul Majid Zabuli gründete, die erste Bank Afghanistans. Dagegen war die ausländische Wirtschaftshilfe kaum nennenswert, da die Kabuler Herrscher zu große Angst vor der Einflussnahme Britisch-Indiens und der Sowjetunion hatten. Dies änderte sich Mitte der dreißiger Jahre. Bereits 1934 trat Afghanistan dem Völkerbund bei, und seit der zweiten Hälfte der 30er Jahre engagierten sich Deutschland, Frankreich, Japan und Italien beim Aufbau des afghanischen Bildungs- und Wirtschaftswesens. Besonders Deutschland tat sich durch den Bau von Hydroelektronanlagen, Dämmen und Brücken hervor. Der Einfluss Deutschlands hatte zudem zur Folge, dass die Rassen- und Nationalideologien des Dritten Reichs in Afghanistan Verbreitung fanden. Über den Ariergedanken konnte eine afghanische Geschichte, die bis in die Frühzeit zurückreicht, konstruiert werden, und die Afghanen wurden aufgrund der räumlichen Überschneidung mit Aryana zu den «eigentlichen Ariern» erhoben.

Zu Beginn der vierziger Jahre fand eine erste Annäherung Afghanistans an die USA statt. Unter amerikanischer Leitung wurde das Helmand-Projekt in Angriff genommen. Dieses Projekt sah vor, durch den Bau von Staudämmen die Region des unteren Helmandflusses in eine blühende Landschaft zu verwandeln. Jedoch offenbarte dieses Prestigeprojekt alle Mängel, die für die großen Staudammprojekte des 20. Jahrhunderts typisch sind (z. B. verfehlte Konzeption, Versalzung der Böden), weshalb es zunächst weit hinter den Erwartungen zurückblieb und erst nach zwanzig bis dreißig Jahren Erfolge zeitigte. Die USA verloren Ende der vierziger Jahre das Interesse an Afghanistan, da sie sich Südostasien zuwandten. Das Verhältnis zwischen beiden Ländern kühlte sich merklich ab. So entsprachen die USA nicht der afghanischen Anfrage nach Waffenlieferungen, und Afghanistan trat 1955 nicht dem von den USA ins Leben gerufenen Bagdad-Pakt bei, dem Iran und der «Erzfeind» Pakistan angehörten. Stattdessen intensivierte Afghanistan die Beziehungen zur Sowjetunion, die sich seit dem Tod Stalins stärker in Ländern der Dritten Welt engagierte. Bereits seit 1950 nutzte die Sowjetunion den Paschtunistankonflikt, um sich Afghanistan als Einfuhrland anzubieten, sobald Pakistan die Grenze dicht machte. Mitte der fünfziger Jahre nahm die Kooperation zwischen beiden Ländern Gestalt an. Afghanistan wurde zum Paradefall der «friedlichen Koexistenz»: 1955 ratifizierte die *loya jirga* eine militärische Kooperation mit der Sowjetunion, und 1956 erhielt Afghanistan bereits Militärhilfe in Höhe von 32,5 Millionen US-Dollar. Afghanische Offiziere gingen nun zur Ausbildung in die Sowjetunion, was zur Folge hatte, dass das afghanische Militär zur wesentlichen Säule Moskaus in Afghanistan wurde. Außerdem engagierte sich die Sowjetunion im Entwicklungsbereich: So vergab Moskau einen Kredit in Höhe von 100 Millionen US-Dollar zu günstigen Bedingungen und baute den Flughafen in Bagram sowie eine Allwetterstraße von Kabul durch den Salang-Tunnel zur sowjetischen Grenze. Der sowjetische Einfluss blieb nicht ohne Folgen für die afghanische Wirtschaftspolitik: So legte Daud 1956 den ersten Fünfjahresplan vor und forcierte die staatliche Einflussnahme auf die Wirtschaft mit dem Ziel, den allgemeinen Lebensstandard zu verbessern. *Master mind* dieser staatsgelenkten Wirtschaftspolitik war Finanz- und Wirtschaftsminister Abdul Malek, ein enger Freund Dauds, der aus ungeklärten Gründen im Juli 1957 verhaftet wurde. Auch im gesellschaftlichen Bereich fand eine Modernisierung statt. So wurde 1959 der Schleierzwang ohne nennenswerte Gegenwehr aufgehoben.

Aufgrund der massiven sowjetischen Einflussnahme wendeten sich die USA Afghanistan erneut zu. Interessanterweise traten die Amerikaner nicht in direkte Konkurrenz zu den Sowjets, sondern boten Entwicklungshilfe in Bereichen an, die diese nicht abdeckten, so etwa im Bildungswesen und in verschiedenen Wirtschaftsfeldern. Daneben ergab sich eine räumliche Arbeitsteilung. Während die Sowjets im Norden agierten, bauten die Amerikaner die Straße von Kabul nach Kandahar, Stichstraßen zur pakistanischen und iranischen Grenze sowie einen überdimensionalen Flughafen bei Kandahar, der Gerüchten zufolge im Falle einer militärischen Eskalation des Kalten Kriegs für amerikanische Zwecke dienen sollte – was er dann aber trotz der Eskalation von 1979 nicht tat. Afghanistan vollbrachte damit das Kunststück, bei strikter Neutralität Entwicklungshilfe aus der Sowjetunion und aus den USA zu beziehen, was sicherlich nur aufgrund seiner geostrategischen Lage am Südsaum der Sowjetunion möglich war. Auch diplomatisch hielt Afghanistan den Kontakt zu beiden Supermächten: So besuchten Nixon 1953, Bulganin und Chruschtschow 1955, Eisenhower 1959 und Chruschtschow erneut 1960 Kabul, und Zaher Schah reiste 1957 nach Moskau.

8. Afghanistans «Goldenes Zeitalter»
(1963-1978)

Am 9. März 1963 trat Daud unvermittelt zurück. Zum einen dürfte hierfür die ausweglose Eskalation der Paschtunistanfrage, die direkt mit seinem Namen verbunden war, ausschlaggebend gewesen sein, zum anderen setzte sich im Königshaus der Ruf nach einer konstitutionellen Monarchie durch. Als Zaher Schah den Verfassungsentwurf Dauds ablehnte, gab dieser sein Amt auf. Danach konnte die Paschtunistanfrage schnell beigelegt werden. Die Beziehungen zu Pakistan normalisierten sich wieder. Die Phase der konstitutionellen Monarchie erlebte zwischen 1963 und 1973 fünf Premierminister: Dr. Mohammad Yusof (1963–1965), Mohammad Haschem Maiwandwal (1965–1967), Nur Ahmad E'temadi (1967–1971), Dr. 'Abdul Zaher (1971–1972) und Musa Schafiq (1972–1973). Obgleich viele Afghanen diesen Zeitraum nostalgisch zu einer Epoche des politischen und demokratischen Erwachens verklären, war es auch eine Zeit der politischen Instabilität und der wirtschaftlichen Stagnation, da die ausländische Entwicklungshilfe abnahm. Durch eine Dürreperiode von 1969 bis 1972, der nach Schätzungen etwa 100 000 Menschen zum Opfer fielen, verschlechterte sich nicht nur die ökonomische Situation des Landes zusätzlich, sondern gerieten auch Zaher Schah und die Regierung wegen ihres mangelhaften Katastrophenmanagements unter Beschuss.

Die konstitutionelle Verfassung (1964)

Die herausragende Leistung in den frühen sechziger Jahren war sicherlich die Erarbeitung einer Verfassung, die im September 1964 von einer *loya jirga* beschlossen wurde. In dieser Verfassung, die Ansätze eines westlichen Parlamentarismus enthielt, aber dennoch auf den König zentriert blieb, wurde der Herrschaftsanspruch der Musahiban-Familie festgeschrieben und, um Daud aus dem Spiel zu halten, der königlichen Familie die Mitgliedschaft in politischen

Parteien verboten. Außerdem sah die Verfassung Bürgerrechte und ein säkulares Rechtssystem vor, in das die Scharia eingebettet war. Der Begriff «Afghane» wurde nun explizit auf alle Einwohner des Landes ausgedehnt. Schließlich legte die Verfassung ein Zweikammerparlament (Schura) fest, das sich aus einem geheim gewählten, 216-köpfigen Unterhaus *(wolesi jirga)* und einem 84-köpfigen teilweise gewählten, teilweise vom König ernannten Oberhaus *(meschrano jirga)* zusammensetzte. 1965 und 1969 fanden im ganzen Land Wahlen zur *wolesi jirga* statt. In beiden Parlamenten dominierten Repräsentanten des traditionellen Establishments, vor allem religiöse Würdenträger (Mojaddedi Familie) und Stammesführer. Die Sitzungen der Schura verdeutlichten jedoch, dass die Verfassung ein grundlegendes Problem nicht lösen konnte: Die einzelnen Abgeordneten – abgesehen von wenigen urbanen Intellektuellen – sahen sich ihren eigenen Interessen und denen ihrer Klientel viel stärker verpflichtet als denen abstrakter Konstrukte wie Staat oder Nation. Aufgrund dieser Haltung war das Parlament selten beschlussfähig und blieb die Schura ein schwaches politisches Instrument.

Diese konstitutionelle Verfassung war für die damalige Zeit recht modern. Eines der wesentlichen Probleme war jedoch, dass Zaher Schah das Parteiengesetz, das in der Verfassung enthalten war, nicht ratifizierte. Dies hatte zur Folge, dass alle Parteien illegal blieben und sich ihrerseits nicht an die Verfassung gebunden fühlten. Als Grund hierfür wird angenommen, dass General ʿAbdul Wali, die graue Eminenz am Königshof, Zaher Schah davon hatte überzeugen können, dass linke Parteien in freien Wahlen schnell die Mehrheit gewinnen könnten und das Land in Unruhe stürzen würden. Wie schwer dieses Versäumnis wog, muss vor dem Hintergrund des gesellschaftlichen Wandels in den sechziger und siebziger Jahren gesehen werden. So setzte sich die Machtelite nach wie vor aus wenigen hundert Familien zusammen, die durch Großgrundbesitz oder Handel wohlsituiert waren, bereits in der Vergangenheit Regierungsposten innegehabt hatten und eine vornehme Abstammung vorweisen konnten. Die Regierungsbildungen konzentrierten sich auf das Kabuler Establishment, während Afghanen ländlicher Herkunft kaum die Chance hatten, in hohe Staatsämter zu gelangen. In dieser Schieflage offenbarte sich der krasse Stadt-Land-Gegensatz, der das wesentliche Konfliktpotential darstellte. So hatte sich Kabul zu einer der modernsten Städte Asiens entwickelt, während ländliche Regionen – trotz punktueller Großprojekte in Helmand, Paktia und Pul-i Khumri – von wirtschaftlichen wie gesellschaftlichen Modernisierungsprozessen ausgeschlossen blieben.

Als ein weiteres Spannungsfeld entwickelte sich in den sechziger Jahren das Aufkommen einer neuen Elite in Kabul. Diese setzte sich aus den Absolventen der Universität sowie der vier vom Ausland geförderten weiterführenden Schulen zusammen, der «deutschen» Nejat (Amani), der «amerikanischen» Habibbya, der «französischen» Esteqlal und der «englischen» Malalay. Neben dem traditionellen Establishment öffneten sich diese Bildungseinrichtungen immer stärker für Afghanen aus ländlichen Gebieten, die aus weniger bekannten Familien stammten. Jedoch konnten diese Neu-Kabuler nach erfolgreichem Schul- und Universitätsbesuch aufgrund ihrer provinziellen Herkunft kaum Anspruch auf die ohnehin wenigen staatlichen Ämter anmelden. Diese Neuankömmlinge, die sich einerseits von den ländlichen Verhältnissen, aus denen sie stammten, gelöst hatten und sich zu Höherem berufen fühlten, andererseits von den Kabuler Verhältnissen enttäuscht waren, bildeten die treibenden Kräfte in radikalen politischen Bewegungen, die sich gegen die Herrschaft des traditionellen Establishments auflehnten. Persönlichkeiten wie Golbud-Din Hekmatyar, Ahmad Schah Mas'ud oder Hafizullah Amin, die uns in den folgenden Kapiteln noch beschäftigen werden, gehörten diesem Personenkreis an. Die Anzahl aller Parteimitglieder zusammengerechnet betrug jedoch nur wenige Tausend. Die politischen Bewegungen waren keine Massenorganisationen, sondern rein urbane Institutionen, deren Einfluss kaum über die Stadtgrenze Kabuls hinausreichte. Die Schulen, Universitäten und Militärakademien Kabuls bildeten ihre wichtigsten und am heftigsten umkämpften Rekrutierungsfelder. Ende der sechziger Jahre war der Universitätscampus ein permanenter Unruheherd. Besonders 1970 kam es zu gewaltsamen Zusammenstößen zwischen Kommunisten und Islamisten. Die neue Elite nahm verstärkt Einfluss auf die politischen Ereignisse. Dr. Yusof trat etwa am 29. Oktober 1965 zurück, nachdem Studenten die *wolusi jirga* gestürmt hatten und am 25. Oktober *(sehum-i aqrab)* die Armee das Feuer auf demonstrierende Studenten eröffnet hatte.

Die afghanische Parteienlandschaft

Das Parteienspektrum entsprach den damaligen ideologischen Strömungen. So entstanden verschiedene kommunistische und sozialistische Parteien, die sich aufgrund sozialer, regionaler und ethnischer Herkunft voneinander unterschieden, sowie eine islamistische Bewegung. Die führende kommunistische Partei war die leninistisch-marxistische Demokratische Volkspartei Afghanistan (DVPA), die sich 1966 in die Flügel *khalq* (Volk) und *parcham* (Fahne), nach den Titeln ihrer Zeitschriften benannt, spaltete. Diese Flügelbildung war weniger durch ideologische Differenzen bedingt als durch Nutzung unterschiedlicher gesellschaftlicher Netzwerke. Die Mitglieder von *parcham* setzten sich überwiegend aus dem traditionellen Kabuler Establishment zusammen. *Parcham* galt als gemäßigt, weshalb sie auch spöttisch als die «Königliche Kommunistische Partei» bezeichnet wurde. Dagegen war *khalq* ideologisch radikaler ausgerichtet. Sie hatte fast dreimal soviel Mitglieder wie *parcham* und rekrutierte sich vorzugsweise aus paschtunischen Studenten aus Süd- und Ostafghanistan. Die Unterschiede zwischen *parcham* und *khalq* lassen sich am besten an den Biographien ihrer Führer verdeutlichen. Babrak Karmal, Führer von *parcham*, war der zweite Sohn eines Generals, gehörte der Kabuler Herrschaftselite an und wurde 1965 sogar in die *wolusi jirga* gewählt. Die Führer von *khalq* waren Mohammad Taraki (1917–1979) und Hafizullah Amin (1957–1979). Beide waren Ghilzai-Paschtunen und stammten aus ländlichen Regionen. Der weitaus ältere Taraki war bereits in der Bewegung *wikh-i zalmaiyan* aktiv gewesen und hatte sich zudem als Literat einen Namen gemacht. Amin hatte von 1957 bis 1962 in den USA studiert. Im Gegensatz zu Karmal scheiterten Taraki und Amin bei der Wahl zur *wolusi jirga*. Aus der DVPA ging noch eine dritte Partei, die *setam-i melli* (Nationale Unterdrückung), hervor, die 1968 Taher Badakhschi, ein Tadschike aus Badakhschan, gründete und die sich fast ausschließlich aus Badakhschanis rekrutierte. Die *setam-i melli* stellte die Nationalitätenfrage der Klassenfrage voran und war offen anti-paschtunisch ausgerichtet. Schließlich ist noch die maoistische *scholeh-ye jawed* («ewige Flamme») zu nennen, die in den sechziger und siebziger Jahren an Popularität *parcham* und *khalq* kaum nachstand und unter Kabuler Intellektuellen verbreitet war. Eine weitere Partei im linken Spektrum war die 1966 gegründete *afghan mellat*, die sich als sozialdemokratische Partei definierte, aber gleichzeitig für einen paschtunischen Ultranationalismus eintrat.

Die Islamisten entsprachen einer losen Bewegung, die sich aus den *ostad* (Professoren) und der *sazman-i jawanan-i musalman* (Organisation der Muslimjugend) zusammensetzte, die miteinander durch eine Schura verbunden waren. Bei den Professoren handelte es sich um religiöse Führer wie Gholam Mohammad Niyazi, Borhanud-Din Rabbani oder Sayyed Musa Tawana, die meist im Ausland studiert hatten und an der theologischen Fakultät der Universität Kabul lehrten. In der Muslimjugend hatten sich die militanten Islamisten zusammengeschlossen, die sich aus Studenten und dem urbanen Kleinbürgertum rekrutierten. Interessanterweise hatten ihre Anhänger nicht die religiösen, sondern die staatlichen Schulen besucht. Die Islamisten setzten sich für die islamische Legitimation von Staatlichkeit ein. Der *umma*-Gedanke, also die Einheit aller Muslime, spielte zudem eine zentrale, nicht hinterfragbare Rolle, weshalb Nationalismen und Ethnizitäten strikt abgelehnt wurden. Doch stand der Islamismus mit seinen sozialradikalen und fundamentalistischen Ansätzen auch im Gegensatz zur traditionellen, eher spirituellen Auffassung vom Islam, weshalb das Gros der afghanischen Bevölkerung den Islamismus als Häresie ablehnte. Die Islamisten opponierten in den sechziger Jahren gegen die kommunistischen Parteien (v. a. gegen die *scholeh-ye jawed*) und die Regierung, was häufig zu Zusammenstössen auf dem Universitätscampus führte. Viele Mujahedin-Führer, die im Afghanistankrieg noch eine gewichtige Rolle spielen sollten, gingen aus dieser islamistischen Bewegung hervor: Borhanud-Din Rabbani war seit 1972 Präsident der Schura, ʿAbdul Rasul Sayyaf sein Stellvertreter, Golbud-Din Hekmatyar seit 1975 erster Sekretär und Anführer der Muslimjugend. 1976/77 spalteten sich die Islamisten in zwei Flügel: Die *jamʿiat-i islami* unter Führung Borhanud-Din Rabbanis und die *hezb-i islami* (Islamistische Partei) unter Führung Golbud-Din Hekmatyars. Grund für diese Spaltung war der Dissens über die Frage des *takfir*, also in welcher Weise die islamische Revolution vorangetrieben werden sollte. Während die *hezb-i islami* die radikalere Position vertrat, nahm die *jamʿiat-i islami* die gemäßigtere Haltung ein. In ähnlicher Weise wie bei der DVPA vollzog sich diese Spaltung entlang ethnischer Grenzen. So waren zwei Drittel des Führungskaders der *hezb-i islami*

Paschtunen. In der *jam'iat-i islami* stellten Tadschiken aus Nordostafghanistan und Herat gar drei Viertel der Führungsriege. Dies überrascht umso mehr, als ja der *umma*-Gedanke eine ethnische Argumentation untersagte.

Die Herrschaft des Vetters
(1973–1978)

Am 17. Juli 1973 putschte sich Mohammad Daud mit Hilfe der *parchamis* und Offizieren, die in der Sowjetunion ausgebildet worden waren, an die Macht, während sich Zahir Schah auf einer Auslandsreise befand. Damit griffen die Interessengruppen, die bislang bei der Machtverteilung ausgeklammert worden waren, nach der Herrschaft. Hartnäckig halten sich bis heute Gerüchte, dass dieser Putsch mit dem regierungsmüden Zaher Schah abgesprochen gewesen sei. Wie dem auch sei, Zaher Schah befand sich seit 1973 im Exil in Rom und kehrte erst im Frühjahr 2002 nach Kabul zurück. Die Bevölkerung stand dem Putsch relativ gleichgültig gegenüber, da Zaher Schah aufgrund seiner Passivität während der Hungersnot von 1969 bis 1971 seinen Kredit in der Bevölkerung verspielt hatte.

Unter Daud setzte ein drastischer Politikwechsel ein, der mit der Etablierung einer autoritären, repressiven Herrschaft einherging. So wurde die Pressefreiheit aufgehoben und die Bewegungsfreiheit von Ausländern eingeschränkt. Obgleich Daud die «Republik Afghanistan» ausrief, führte er keine demokratischen Prinzipien ein. Die Verfassung, die er 1977 bekannt gab, entsprach einer bizarren Mischung aus Sozialismus und Nationalismus. Der Islam verlor in der Rechtsprechung im Vergleich zu den vorangegangenen Verfassungen an Bedeutung. Dies war Ausdruck davon, dass die urbane Elite um Daud kaum noch religiös geprägt war. Eine *loya jirga* verabschiedete die neue Verfassung und wählte Daud für die nächsten sechs Jahre zum Präsidenten. Dieser wertete die Einberufung der *loya jirga* jedoch nur noch als ein anachronistisches Ritual und verstand diese nicht mehr als Institution der Herrschaftslegitimation durch die traditionelle Elite des Landes. Daher handelte es sich bei den Teilnehmern um handverlesene Vertraute Dauds. Die zentralistische autoritäre Politik drückte sich auch in der Kabinettsbildung aus: So übernahm Daud die Posten des Präsidenten, Premiministers, Außenministers und Verteidigungsministers. Die übrigen Ministerposten wurden überwiegend an Militärs vergeben. 1975 gründete Daud eine eigene Partei, die nationale Bewegung *(melli ghorzang)*.

Innenpolitisch geriet die Regierung Daud unter Druck, als der dritte Fünfjahresplan, der einen Wirtschaftsanstieg um 200 Prozent vorgesehen hatte, im Ergebnis um 40 Prozent niedriger ausfiel als der zweite Fünfjahresplan. Ein wesentlicher Grund hierfür war, dass die USA ihre Entwicklungshilfe einschränkten und die Sowjetunion die afghanischen Schulden durch den Bezug von Erdgas aus Nordafghanistan und den Verkauf von Karakul-Fellen tilgte. Zudem hielt die landwirtschaftliche Produktion mit dem enormen Bevölkerungswachstum, das seit den sechziger Jahren kontinuierlich bei 2,4 Prozent lag, nicht mit. Damit nicht genug, sorgten Dauds Pläne für eine Landreform für großen Unmut in der Bevölkerung, weshalb dieses Vorhaben bald wieder in der Schublade verschwand.

Dauds Herrschaft basierte allein auf der Unterstützung des Militärs. Der traditionellen und islamistischen Elite setzte er mit Verhaftungs- und Verfolgungswellen zu. Erstes prominentes Opfer war der frühere Premierminister Maiwandwal, dem ein Umsturzversuch vorgeworfen wurde; er wurde 1973 festgenommen und beging nach offizieller Lesart Selbstmord. 1974 wurde Mohammad Niyazi, Führer der Islamisten, mit 200 Gefolgsleuten verhaftet. Dies bildete für die Islamisten den Beginn des Afghanistankriegs. So flüchteten Islamisten wie Golbud-Din Hekmatyar und Borhanud-Din Rabbani nach Pakistan, um von hier den Widerstand zu organisieren. Schließlich überwarf sich Daud mit seinen strategischen Verbündeten, den *parchamis*, die sich anfangs noch Hoffnungen gemacht hatten, über eine Regierungsbeteiligung ihre politischen Visionen umsetzen zu können. Schnell verloren sie ihren Einfluss auf die Regierungsgeschäfte. 1975 fanden sich keine *parchamis* mehr im Kabinett, und *parcham* lehnte die neue Verfassung ab. Die Partei suchte nun wieder den Schulterschluss mit *khalq*, die der Machtübernahme Dauds von Beginn an distanziert gegenüber gestanden hatte.

Zu den innenpolitischen Konflikten gesellten sich auch außenpolitische. So ließ Daud die Paschtunistanfrage wieder aufleben, musste jedoch schnell erkennen, dass diese Politik ihm mehr schaden als nützen würde. 1975 wurde der Konflikt beigelegt. Daud und der pakistanische Präsident Zulfikar Bhutto statteten sich gegenseitig Besuche ab. Als neuer Verbündeter bot sich Iran an. So versprach Reza Schah Pahlawi Afghanistan zwei Milliarden US-Dollar Entwicklungshilfe. Dagegen kühlte sich das Verhältnis zur Sowjetunion spürbar ab. Grund hierfür war, dass die Sowjetunion ihren Einfluss in Afghanistan aufgrund des Machtverlusts der *parchamis* sowie der Reduzierung sowjetischer Militärberater schwinden sah. Beim Besuch Dauds in Moskau 1977 kam es zum Eklat: Als der Generalsekretär Leonid Breschnew über eine Erhöhung der Anzahl militärischer Berater sprechen wollte, brach Daud verärgert die Sitzung ab. Wenngleich dieser Vorfall die sowjetisch-afghanischen Beziehungen belastete, erwog Moskau dennoch nicht den Sturz Dauds und hielt nach wie vor an der «friedlichen Koexistenz» mit Afghanistan fest. Die sowjetische Führung sah aufgrund der «Rückständigkeit» Afghanistans nicht die rudimentären Voraussetzungen, die für eine sozialistische Revolution notwendig waren, gegeben, oder wie es der KGB-Agent Mitrokhin beschrieb: «Wenn es ein Land in der Welt gibt, wo wir nicht den wissenschaftlichen Sozialismus einführen wollen, dann ist es Afghanistan.»

Der Sturz Dauds war daher nicht von sowjetischer Seite geplant und überraschte selbst Moskau. Vielmehr fand der Coup in völliger Eigenverantwortung von *khalq* und *parcham* statt. Anlass war die Ermordung des Chefideologen von *parcham*, Mir Akbar Khyber, am 17. April 1978. Wenngleich unklar ist, wer hinter diesem Attentat stand, machte die öffentliche Meinung die US-Botschaft und die CIA hierfür verantwortlich. Die Beerdigung Khybers schwoll zu einer Massendemonstration an, die Daud verdeutlichte, dass die DVPA seine Macht gefährden konnte. Er antwortete mit einer Massenverhaftung führender Mitglieder der DVPA in der Nacht vom 25. auf den 26. April. Der Gegenschlag, die sogenannte April-Revolution *(enqelab-i saur)*, erfolgte am nächsten Tag. Die verbliebenen Mitglieder des Nationalkomitees der DVPA mobilisierten einige Hundert Anhänger, die mit 40–50 Panzern den Präsidentenpalast angriffen. Der Putsch stand jedoch unter einem günstigen Stern, denn Daud hatte aufgrund der Verhaftung der DVPA-Spitze der Armee einen Feiertag verordnet. Diensthabende Divisionen waren zudem nicht einsatzfähig, weil die Kommandeure abwesend oder nicht für die Niederschlagung eines Putsches ausgerüstet und ausgebildet waren. Schließlich schlugen sich einige Verbände auf die Seite der Putschisten. So besetzte Mohammad Aslam Watanyar, der im Staatsstreich von 1973 bereits eine wichtige Rolle gespielt hatte, den Flughafen. Die Kämpfe konzentrierten sich auf den Präsidentenpalast, in dem sich Daud mit einigen Hundert Getreuen verschanzt hatte. In der Nacht vom 27. auf den 28. April eroberten die Putschisten den Palast. In diesen Kämpfen wurden Daud und seinen Familienangehörigen erschossen. Insgesamt soll der Putsch etwa 2000 Opfer gefordert haben.

9. Die Machtübernahme der Kommunisten

(1978-1979)

Der Bevölkerung war die Tragweite dieses Staatsstreichs nicht bewusst, weshalb sie in diesem nicht mehr als eine weitere «Ablösung eines Monarchen durch einen anderen» *(pade schah garduschi)* erblickte. Zunächst war Mohammad Taraki Präsident der «Demokratischen Republik Afghanistan», Babrak Karmal, Hafizullah Amin und Mohammad Watanyar seine Vizepräsidenten. Anfangs war die Ämteraufteilung zwischen *parcham* und *khalq* ausgewogen. Jedoch drängte *khalq parcham* bereits nach sechs Wochen aus der Regierung und übte allein die Macht aus. Babrak Karmal wurde als Botschafter nach Prag abgeschoben. Der unterschiedliche soziale Hintergrund beider Flügel sowie persönliche Abneigungen, gerade zwischen Taraki und Karmal, waren für das Zerwürfnis genauso ausschlaggebend wie verschiedene politische Vorstellungen: Während *parcham* einen kontinuierlichen Wandel Afghanistans anstrebte, stand *khalq* für den radikalen Umbruch. In den folgenden Monaten stieg Amin, der ein hervorragender Logistiker war, zum eigentlichen Machtfaktor in der Regierung auf, dem der schwache Taraki nicht viel entgegensetzen konnte. Seit Sommer 1978 war Amin zudem alleiniger Vizepräsident und befehligte die Sicherheitskräfte.

Reformen, Repressionen und Rebellionen

Die Alleinherrschaft von *khalq* prägten ein übereifriges, konsequent umgesetztes Reformprogramm sowie Repressionen, mit denen alle potentiellen Gegner überzogen wurden. *Khalq* ging die Reformen bereits wenige Monate nach der Machtübernahme an. Ziel war es, die Macht der traditionellen Elite, vor allem der religiösen, zu brechen. Die Maßnahmen und die Rhetorik von *khalq* orientierten sich hierbei stark an den sowjetischen Vorbildern und nicht an den Gegebenheiten in Afghanistan – dies sollte sich als tiefere Ursache für das Scheitern der Reformen und für das Aufflammen von Rebellionen erweisen. Die Reformen fußten auf zwei Eckpfeilern, einer Landreform und einer Alphabetisierungskampagne. Weitere Maßnahmen waren die Abschaffung des Brautpreises, die Festlegung eines Mindestheiratsalters sowie das Verbot von Wucher. Über die Landreform, die eine Obergrenze für Landbesitz sowie die entschädigungslose Konfiszierung und Umverteilung von Land vorsah, sollte der «Feudalismus» in Afghanistan zerschlagen werden. Jedoch ignorierte dieses Vorhaben, dass die afghanischen Wirtschafts- und Sozialstrukturen weitaus komplexer waren als eine Einteilung in «ausbeutende Feudalherren» und «ausgebeutete Bauern». Denn in Afghanistan stellte im Gegensatz zu den Nachbarländern Pakistan und Iran Großgrundbesitz die Ausnahme dar. Das Leitmotiv der Reform, nämlich Land umzuverteilen, verfehlte die Bedürfnisse der Pächter, denen es um verbesserte Pachtverhältnisse, nicht aber um den Besitz von Boden ging. Die Umverteilung von Land kollidierte zudem mit islamischen Vorstellungen, nach denen Landbesitz unantastbar ist. Vielerorts provozierte das herablassende und städtische Auftreten der Kommission, die in kommunistischer Rhetorik die Landreform verordnete, eine ablehnende Haltung der Bevölkerung. Die Landreform offenbarte einmal mehr, wie schlecht die urbane Intelligenzija über die ländlichen Verhältnisse informiert war. Dies war umso erstaunlicher, als viele *khalqis* aus ländlichen Regionen stammten.

Der Kampf gegen den Analphabetismus ging mit einer politischen Indoktrination einher und sollte den Mullahs das «Herrschaftswissen» entreißen. Wenngleich das Analphabetentum in Afghanistan überwog, war in den letzten Jahrzehnten das Bildungsprogramm ausgeweitet worden, so dass bereits dreissig Prozent aller Jungen und fünf Prozent aller Mädchen zur Schule gingen. Die afghanische Gesellschaft erblickte in Bildung einen positiven Wert, der einen gesellschaftlichen Aufstieg versprach. Daher war es nicht das Vorhaben als solches, sondern die Art und Weise, wie diese Reform umgesetzt wurde, die den Zorn der Bevölkerung entfachte. So wurden nicht nur Kinder, sondern auch alte Menschen – deren soziale Stellung völlig missachtend – in den Unterricht gezwungen. Noch kritischer war, dass die Geschlechtertrennung nicht eingehalten und koedukativ unterrichtet wurde. Schließlich erregten auch das arrogante Auftreten der ortsfremden Lehrer sowie die ideologisch gefärbten Lehrinhalte, die den fortschrittlichen, städtischen Menschen zum Vorbild hatten, Anstoß.

Parallel zur Umsetzung dieser Reformen ging die Regierung mit aller Härte gegen jeden potentiellen Gegner vor. Bereits im Mai 1978 füllten sich die Gefängnisse mit politischen Gefangenen, und seit Herbst 1978 rollte eine Verhaftungswelle nach der anderen. Besonders Pul-i Charki, das berüchtigte Gefängnis vor den Toren Kabuls, symbolisierte diese Schreckensherrschaft, der schätzungsweise 50 000 bis 100 000 Menschen zum Opfer fielen. Die Repressionen richteten sich zunächst gegen das traditionelle Establishment, vor allem Afghanen, die dem Königshaus nahestanden, sowie gegen die religiöse Elite. Anfang 1979 wurde die gesamte Kabuler Mojaddedi-Familie hingerichtet und im Juni 1979 an einem Tag alle Islamisten, die Daud bereits 1974 festgenommen hatte. Zunehmend richteten sich die Repressionen auch gegen Liberale, Maoisten oder *parchamis*. Im Prinzip strebte *khalq* an, die gesamte Elite, die ihren politischen Kurs nicht teilte, auszulöschen.

Diese Schreckensherrschaft provozierte Aufstände im gesamten Land. Bereits im Oktober 1978 regte sich erster Widerstand in Nuristan, und seit Februar 1979 loderten Aufstände in Westafghanistan auf. In Herat schlug sich die gesamte Garnison auf die Seite der Aufständischen. Unter den Soldaten befand sich auch Isma'il Khan, der zu einem der wichtigsten Mujahedin-Führer aufsteigen sollte. Die Regierung benötigte sieben Tage, um die Stadt zurückzuerobern. Über 20 000 Menschen sollen bei dem Aufstand in Herat und seiner Niederschlagung ums Leben gekommen sein, darunter einhundert russische Entwicklungshelfer. Seit April verlor die Regierung die Kontrolle über Badakhschan und Zentralafghanistan. Der Widerstand flammte nun auch in den paschtunischen Provinzen auf. Vielerorts fiel das Militär von der Regierung ab und suchte den Schulterschluss mit den Aufständischen. Die Revolten erreichten schließlich Kabul, wo *khalq* im Juni eine Demonstration zusammenschießen ließ.

Die sowjetische Intervention

Die Schreckensherrschaft von *khalq* wirkte sich umgehend auf die internationalen Beziehungen aus. Die Ermordung des US-Botschafters Adolph Dubs im Februar 1979 veranlasste die USA, ihre

Entwicklungsprogramme in Afghanistan einzustellen. Linksextremisten hatten Dubs entführt und hielten ihn in einem Kabuler Hotel gefangen. Ohne Konsultation der Amerikaner stürmten afghanische Einheiten das Hotel. Dubs kam bei dieser Aktion ums Leben.

Moskau stand den Entwicklungen in Afghanistan zwiespältig gegenüber. Zum einen sah sich die Sowjetunion aufgrund ihres Selbstverständnisses als «Träger der Weltrevolution» und aufgrund der Breschnew-Doktrin, also der Lehre der Unumkehrbarkeit eines revolutionären Prozesses, verpflichtet, *khalq* zu unterstützen. Moskau befürchtete zudem negative Reaktionen der Verbündeten, wenn man Afghanistan sich selbst überlassen würde. Aus dieser Verpflichtung heraus schloss die Sowjetunion mit Afghanistan im Dezember 1978 einen Kooperationsvertrag und entsandte 5000 Militär- und Zivilexperten, um das Regime aufrechtzuerhalten. Zum anderen aber nahm Moskau gegenüber den afghanischen Genossen eine sehr skeptische Haltung ein und erblickte vor allem in Amin einen unberechenbaren Partner.

Seit Frühjahr 1979 schickte der Kreml mehrere Delegationen nach Kabul, um den Ernst der Lage zu erkunden. Aufgrund der alarmierenden Berichte setzte sich seit September 1979 in Moskau die Meinung durch, dass Amin vom Zentrum der Macht entfernt werden müsse. Bei einem Besuch Tarakis in Moskau am 10. September instruierte Breschnew diesen, Amin auszuschalten. Gleich nach Tarakis Rückkehr nach Kabul kam es am 14. September zum Showdown zwischen dem afghanischen Führungsgespann. Offizieller Anlass war, dass Amin die Entlassung von vier Ministern, die Taraki nahestanden, forderte. Ein Gespräch zwischen Amin, Taraki und dem sowjetischen Botschafter Puzanow, der in den Coup eingeweiht war, mündete in heftige Schusswechsel. Amin gewann die Oberhand und nahm mit Hilfe militärischer Einheiten den Präsidentenpalast ein. Gegen heftige Proteste von KGB und Puzanow enthob Amin am 16. September Taraki seines Postens und ernannte sich selbst zum Generalsekretär. Die offizielle Verlautbarung war, dass sich Taraki aus gesundheitlichen Gründen zurückgezogen habe. Als Taraki am 10. Oktober in seinem Haus erwürgt aufgefunden wurde, hieß es, er sei an seiner Krankheit verstorben.

Das ohnehin von Misstrauen geprägte Verhältnis zwischen Amin und der Sowjetunion war nach zwei weiteren missglückten Anschlägen auf Amin im Dezember 1979 auf dem Nullpunkt angelangt. Um seinen Kopf zu retten, vollzog Amin nun eine Kehrtwende, die jedoch den Konflikt mit Moskau eskalieren ließ: Amin machte Pakistan Avancen, das er noch ein Jahr zuvor wegen der Paschtunistanfrage verbal angegriffen hatte; außerdem nahm er Kontakt zu den USA und radikalen Islamisten auf. Diese Schritte ließen im Kreml alle Alarmglocken läuten. Denn in den Augen Moskaus gehörte Afghanistan seit der April-Revolution zum sowjetischen Glacis. Der Verlust eines Bündnispartners sowie die Angst vor einer unsicheren Südflanke ließen in Moskau den Gedanken einer militärischen Intervention in Afghanistan keimen. Die Bedrohungsvorstellung einer globalen Einkreisung verstärkte der Nachrüstungsbeschluss der NATO, der kurz vor der Invasion im Dezember 1979 gefasst worden war. Hinzu kam, dass die Entscheidung über den Einmarsch internen Machtkämpfen in der sowjetischen Spitze diente. Bei einem Treffen am 8. Dezember setzten sich die Hardliner, zu denen Chefideologe Suslow, sein Mitarbeiter Ponomarew und Außenminister Gromyko zählten, gegen die Vertreter einer Entspannungspolitik, zu denen der Vorsitzende des Ministerrates Kosygin, KGB-Chef Andropow und Verteidigungsminister Ustinow zählten, durch. Die Position Breschnews blieb unklar. Im Westen herrschte dagegen die Meinung vor, dass die Ursache für die Besetzung in der sowjetischen Expansionsbestrebung lag, die noch von der zaristischen Südpolitik herrührte. So wurde spekuliert, dass der Kreml einen Zugang zum Indischen Ozean, also zu einem ganzjährig eisfreien Meer, anstrebe oder sich die Energiereserven des Mittleren Ostens sichern wolle.

Die sowjetische Besetzung Afghanistans wurde in den Weihnachtstagen so zügig durchgesetzt, dass sie die Weltöffentlichkeit völlig unvorbereitet traf; selbst die Kandidaten für das Politbüro erfuhren erst durch die Zeitung davon. Seit dem 24. Dezember wurden über eine Luftbrücke sowjetische Divisionen auf den Kabuler Flughafen eingeflogen. Am 27. Dezember besetzten sowjetische Truppen die Kabuler Innenstadt und griffen den außerhalb Kabuls gelegenen Palast von Darulaman an, in dem sich Amin verschanzt hatte. Nach heftigen Gefechten wurde Amin erschossen. Am folgenden Tag überschritten sowjetische Divisionen den Amu Darya und besetzen die wichtigsten Städte des Landes. Innerhalb weniger Wochen schwoll die Zahl sowjetischer Soldaten auf 85 000 an. Zur

Rechtfertigung der Intervention berief sich Moskau auf den Hilferuf Amins, der die Sowjetunion zu einer militärischen «Hilfeleistung» verpflichtete. Jedoch war die Auslegung des von Moskau angeführten Vertrags völkerrechtlich illegitim, da es sich um einen Kooperations- und nicht um einen Bündnisvertrag handelte. Darüber hinaus war es unglaubwürdig, dass Amin die Sowjets zu Hilfe rief, dann aber Opfer der sowjetischen Intervention wurde und von der sowjetischen Propaganda als grausamer Unterdrücker und antirevolutionäre Kraft diffamiert wurde.

Die sowjetische Intervention in Afghanistan stellte ein weltpolitisch entscheidendes Ereignis dar. Sie setzte der Entspannungspolitik der Supermächte ein jähes Ende und leitete die kritische Phase des Kalten Kriegs ein, an der die Sowjetunion zerbrechen sollte. International wurde die Intervention allseitig verurteilt. In insgesamt neun Resolutionen forderte die überwältigende Mehrheit der UN-Mitglieder den sowjetischen Abzug aus Afghanistan. Der Boykott der Olympischen Sommerspiele 1980 in Moskau durch 36 Nationen war die offenkundigste Reaktion auf den Einmarsch. Der internationalen Verurteilung folgten Sanktionen, wie ein Technologie-Embargo und die Einstellung amerikanischer Getreidelieferungen. Das Salt-II-Abkommen über die Begrenzung strategischer Atomrüstung, dessen Bedingungen Leonid Breschnew und Jimmy Carter 1979 ausgehandelt hatten, wurde nicht ratifiziert, statt dessen begann eine neue Phase des Wettrüstens.

Obgleich die Islamisten den Anfang des Afghanistankonflikts auf die Machtergreifung Dauds 1973 datieren, bürgerte es sich ein, in der sowjetischen Invasion den Beginn des Kriegs zu erblicken. Der Afghanistankonflikt durchlief verschiedene Phasen, denen die folgende Kapitelaufteilung Rechnung trägt. Zunächst noch als Stellvertreterkrieg zwischen den Supermächten USA und Sowjetunion geführt, wandelte er sich seit Ende der achtziger Jahren zu einem innerstaatlichen Konflikt, in dem das Land in unzählige Kriegsfürstentümer zerfiel und die Allianzen zwischen den Kriegsparteien permanent wechselten. Das Aufkommen und die Machtergreifung der Taliban Mitte der neunziger Jahre leiteten eine neue Phase ein, die zu einer veränderten politisch-militärischen Konstellation führte. Schließlich stellte die militärische Intervention der *Coalition against Terrorism* im Herbst 2001 eine Zäsur dar, deren Folgen kaum absehbar sind.

10. Der Afghanistankonflikt im Zeichen des Kalten Kriegs

(1979-1986)

Die Invasion in Afghanistan war als Blitzaktion während der Weihnachtstage gedacht, und die Befriedung des Landes sollte nach spätestens einem Jahr abgeschlossen sein. Doch bereits wenige Wochen nach der Besetzung erwies sich das Unvermögen des «begrenzten Kontingents» von 90 000 bis 130 000 Mann, das Land rasch unter Kontrolle zu bringen. Die afghanische Armee erwies sich als ineffizient und schrumpfte infolge von Fahnenflucht binnen weniger Monate von 90 000 Mann auf 30 000 zusammen. Die sowjetischen Truppen trafen auf hartnäckigen Widerstand der Bevölkerung, denn die Besatzer stellten einen gemeinsamen Feind dar, gegen den sich die Bevölkerung über alle gesellschaftlichen Barrieren hinweg erhob. Die sowjetische Armee war zudem auf einen möglichen Gegenschlag des Westens eingerichtet, nicht aber auf einen zermürbenden Guerillakrieg in einem unübersichtlichen, gebirgigen Gelände. Ihre umständlichen Großoperationen und Frontalangriffe liefen ins Leere. Ihre Gegner traten nie konzentriert auf, sondern agierten in vielen Einzelaktionen und wendeten eine «hit-and-run-Taktik» an. In den ersten Monaten nach der Besatzung kam es zu Revolten – im Februar in Kabul, im August in Kandahar und im September in Herat –, deren die Sowjets nur mühsam Herr wurden. Jedoch waren die Widerstände recht spontan, und die Mujahedin-Parteien befanden sich erst im Gründungsstadium.

Ende 1980 wandelte sich der Afghanistankonflikt von einem Krieg, in dem eine Supermacht gegen einen völlig unterlegenen, allein vom Idealismus getragenen Widerstand kämpfte, zu einem Krieg der Supermächte. Während die Sowjetunion direkt militärisch beteiligt war, beließen es die USA bei einer massiven Finanzierung des Widerstands. Moskau war entschlossen, seiner «internationalistischen Pflicht» nachzukommen und einen sozialistischen Staat, ungeachtet aller Rückschläge, nicht fallenzulassen. Da die Supermächte sich auf diesen Krieg eingelassen hatten, handelte es sich bei den seit Mai 1980 stattfindenden «indirekten Gesprächen» zwischen der Regierung Afghanistans, hinter der die Sowjetunion stand, und der Regierung Pakistans, hinter der die USA standen, eher um Scheinverhandlungen, die keine Fortschritte erzielten. Die wichtigsten Meinungsunterschiede zwischen den Supermächten betrafen den Zeitpunkt und die Dauer des Abzuges der sowjetischen Truppen, die amerikanische Unterstützung der Mujahedin und die Zusammensetzung einer Übergangsregierung.

Krieg, Vertreibung und Flüchtlingsdasein

Ende 1980 ersetzte Moskau die konventionellen Truppen durch kleine, mobile Einheiten, die selbständig operierten und flexibel einsetzbar waren. Zudem erwies sich der Einsatz von Hubschraubern im Kampf gegen die Widerstandskämpfer als erfolgreich. Das sowjetische und afghanische Militär ging von einer offensiven zu einer defensiven Strategie über, indem es sich auf die Sicherung von Schlüsselstellungen beschränkte. So konzentrierte sich die Armee auf den Talkessel von Kabul, die große Ringstraße und die wenigen Städte, während die Mujahedin schätzungsweise 80 bis 90 Prozent des Landes kontrollierten. Strategisch wichtige Verkehrsadern wie der Salangtunnel und die Schlucht von Tang-i Gharu zwischen Jalalabad und Kabul waren von Regierung und Mujahedin stark umkämpft. Der Widerstand führte immer wieder Attentate in den Städten durch. Allein 1981 erfolgten 5000 Attacken gegen sowjetische und Regierungsziele. Ein wesentliches Angriffsziel stellten Lehrer und Schulen dar, die in hohem Maße die Reformvorhaben der DVPA symbolisierten. Die Mujahedin sollen in den achtziger Jahren Tausende von Lehrern ermordet haben.

Ziel der sowjetischen Kriegführung war es, dem Widerstand die Basis durch eine Politik der «verbrannten Erde» zu nehmen. Die Bevölkerung sollte durch die Bombardierung ihrer Dörfer sowie die Zerstörung ihrer Bewässerungssysteme und landwirtschaftlichen Flächen zur Flucht in die Städte oder zur Abwanderung aus Afghanistan gezwungen werden. Als besonders perfide erwies sich der Abwurf von Schmetterlingsbomben, die als Spielzeug getarnt waren, um Kinder anzulocken. Die Dörfer, die sich entlang der wichtigen Überlandstraßen und im Umkreis großer Städte und strategischer

Stützpunkte befanden, wurden systematisch dem Erdboden gleich gemacht. Mitte der achtziger Jahre waren das Umland von Kabul und Kandahar sowie die Hari Rud Oase bei Herat völlig zerstört und entvölkert. Das Panjschirtal im Nordosten Kabuls, in dem 1978 noch 80 000 bis 100 000 Menschen gelebt hatten und das eine Hochburg des Widerstands war, verwüstete die sowjetische Armee in verschiedenen Angriffswellen völlig. Am stärksten waren Zerstörung und Entvölkerung in den Provinzen, die im Grenzgebiet zu Pakistan lagen, da die sowjetische Armee hier rigoros gegen die Mujahedin vorging, um einen *cordon sanitaire* zu Pakistan zu schaffen. Insgesamt fielen während der sowjetischen Besatzungszeit 1 bis 1,6 Millionen Afghanen Kampfhandlungen zum Opfer. Die Zahl der sowjetischen Verluste wird mit 13 000 bis 40 000 Mann beziffert. Eine weitere Erblast des gesamten Kriegs sind über zehn Millionen Antipersonen-Minen, die zunächst von den Sowjets und den Mujahedin und anschließend von den Bürgerkriegsparteien im ganzen Land vergraben wurden.

Der Krieg löste den weltweit größten Massenexodus seit dem Zweiten Weltkrieg aus. Mitte der achtziger Jahre war von den ungefähr 15 Millionen Afghanen jeder zweite auf der Flucht. Die Gesamtzahl der afghanischen Flüchtlinge in Pakistan belief sich auf ungefähr 3,1 Millionen und im Iran auf 1,7 bis 2,2 Millionen. Zusätzlich gab es Mitte der achtziger Jahre 1,5 bis 2 Millionen Binnenflüchtlinge. Bereits im Herbst 1979 waren rund eine Million Afghanen vor der Terrorherrschaft von *khalq* nach Pakistan und Iran geflohen, so dass Anfang der achtziger Jahre aus den Süd- und Südostprovinzen bereits über die Hälfte der Bevölkerung emigriert war. Während Schiiten aus West- und Zentralafghanistan nach Iran flohen, waren weit über 90 Prozent der Flüchtlinge in Pakistan Paschtunen. Flüchtlinge aus Nord- und Zentralafghanistan wurden in den Nachbarländern aufgrund des gefahrvollen und langen Flüchtlingsweges erst seit 1983 registriert. Die Fluchtbewegungen bedingten enorme Verschiebungen in der Verteilung und der zahlenmäßigen Stärke der ethnischen Gruppen. So mussten die paschtunischen Nomaden ihre Sommerweidegebiete in Zentralafghanistan, das nun die Hazaras kontrollierten, aufgeben. Viele Paschtunen, die im Rahmen der Kolonisierungspolitik in Nordafghanistan angesiedelt worden waren, flohen nach Pakistan. Die Tadschiken waren von Anfang der achtziger bis Mitte der neunziger Jahre die größte ethnische Gruppe (30–40 Prozent), während die Paschtunen in Afghanistan zu einer ethnischen Minorität wurden; Paschtu sank zu einer Regionalsprache herab. Für Nicht-Paschtunen bildete der zurückgegangene Bevölkerungsanteil der Paschtunen daher seit den achtziger Jahren das wichtigste Argument gegen deren Hegemonieanspruch.

Für den weiteren Verlauf des Afghanistankriegs ist vor allem die Flüchtlingssituation in Pakistan von Interesse. Bereits 1983 gab es in Pakistan 339 Flüchtlingscamps, in denen jeweils nur eine Widerstandsgruppe das Sagen hatte. Mit der Dauer des Flüchtlingsdaseins waren die Stammesstrukturen der Paschtunen einer tiefgreifenden gesellschaftlichen Erosion ausgesetzt. Durch die Schwächung tribaler Organisationsformen und Ideale gewannen die islamistischen Widerstandsparteien und ihre militanten Vorstellungen vom Islam an Einfluss. So fand eine Machtverschiebung von den Stammesführern zu religiösen Würdenträgern statt. Ein paschtunischer Flüchtling konnte kaum noch dem Idealbild des autonomen Paschtunen entsprechen. Dieser Ansehensverlust konnte durch islamische Konzepte kompensiert werden. Denn ein *muhajer* (Flüchtling) handelte wie der Prophet, der die *hijrah* (Flucht) aus Mekka nach Medina vollzogen hatte. Nahm ein *muhajer* den Jihad um sein verlorenes Gebiet auf, wurde er zum *mujahed* und folgte dem Beispiel Mohammeds. In der Flüchtlingssituation verstärkte sich zudem die gesellschaftliche Zurücksetzung der Frau. Der Kontrollverlust, den die Männer durch die Nichteinlösbarkeit paschtunischer Wert- und Normvorstellungen erlitten, konnte durch die Kontrolle über die Frau als das einzig verbliebene kontrollierbare «Gut» kompensiert werden. Diese Vorstellung wurde durch das islamische Konzept der purdah, also der Wegschließung der Frau, gestützt. Die relative räumliche Enge in den Flüchtlingslagern sowie die ständige Präsenz fremder Männer schränkten den Bewegungsfreiraum der Frauen drastisch ein. Eine strenge Trennung von männlicher und weiblicher Sphäre sowie die Ganzkörperverschleierung sollten die Ehre der Frauen und damit die der Männer wahren. Der kulturelle Wandel, der sich seit den achtziger Jahren in den Flüchtlingslagern vollzog, war durch das Ineinanderfließen islamischer und paschtunischer Versatzstücke geprägt und lässt sich am ehesten als «Islam paschtunischer Prägung» fassen. Wesentlicher Katalysator für die Vermittlung dieses «Islam paschtunischer

Prägung» waren die religiösen Schulen (Medresen) als Zentren der religiösen Indoktrination und als Kaderschmiede für den Heiligen Krieg. Interessant ist, dass die konservative Denkschule der *deobandi*, der die Mitte der neunziger Jahre gegründete Taliban nahe stand, bereits seit Anfang der achtziger Jahre die Medresen in den Flüchtlingslagern dominierte. Jedoch ist auch eine gegenläufige Tendenz zur islamistischen Indoktrination der Flüchtlinge zu nennen: Unter allen Flüchtlingen prägte sich aufgrund des gemeinsamen Schicksals der Flucht und ähnlicher Kriegs- und Flüchtlingserlebnisse ein übergreifendes nationales Bewusstsein heraus.

Die Politik der afghanischen Regierung

Mit der sowjetischen Intervention wurde Babrak Karmal aus Prag zurückgeholt und zum neuen Regierungschef ernannt. Er sollte bis 1986 an der Macht bleiben. Obgleich in der neuen Regierung *parchamis* überwogen, wurden auch einige *khalqis* integriert. Ziel der sowjetischen Führung war es, eine moderate Regierung auf möglichst breiter Basis zu installieren: Stammesführer und Geistliche, also Vertreter des traditionellen Establishments, sollten für die Politik der Regierung gewonnen werden, und auch Nicht-Parteimitglieder sollten in der Regierung vertreten sein. Jedoch konnten diese Ziele nur mit mäßigem Erfolg umgesetzt werden, da für die meisten Afghanen die sowjetische Besetzung die nationale Ehre infrage stellte. Ein weiteres Problem war, dass sich die DVPA in Grabenkämpfen aufrieb: Die alten Fehden zwischen *parcham* und *khalq* flammten wieder auf, und beide Parteiflügel waren in verfeindete Gruppen zersplittert. Schließlich war Babrak Karmal auch nicht die Führungspersönlichkeit, die über gesellschaftliche Grenzen hinweg vereinen und gegenüber den sowjetischen Besatzern ein eigenes Profil entwickeln konnte, weshalb er den Makel, eine «Marionette Moskaus» zu sein, nie abschütteln konnte.

Die Politik der afghanischen Regierung verlief zweigleisig und entsprach ganz der Trennung zwischen der städtischen, als «fortschrittlich» und der ländlichen, als «reaktionär» eingestuften Bevölkerung. In den Städten verfolgte die afghanische Regierung eine Modernisierung und Sowjetisierung der Gesellschaft durch die Verbreitung sowjetischer Propaganda über Medien und Bildungseinrichtungen, die Verwendung sowjetischen Lehrmaterials und Aufenthalte in der Sowjetunion. In anderen Bereichen entsprach die sowjetische Modernisierungspolitik den Bedürfnissen der urbanen Bevölkerung. So wurde Anfang der achtziger Jahre ein lückenloses Bildungsnetz in Kabul geschaffen. Eine wesentliche Maßnahme war die staatlich geförderte Frauenemanzipation: Die Bildungsmöglichkeiten für Frauen verbesserten sich, die Hälfte aller Studenten und immerhin über 18 Prozent der staatlichen Angestellten waren 1988 Frauen, wenngleich Männer die Führungspositionen dominierten. Solche Maßnahmen verstärkten die Kluft zwischen Stadt und Land und führten dazu, dass gerade die Mujahedin in Kabul ein «Sündenbabel» erblickten, «wo Frauen nackt herum liefen». Solche Stereotype prägten später maßgeblich das Verhalten der Mujahedin und der Taliban.

Das Verhalten der afghanischen Regierung gegenüber den «reaktionären Kräften» war von Konzessionen geprägt. Die strikten Auflagen der Landreform wurden recht bald gelockert, und über die Jahre nahm das Interesse der Regierung an dieser Reform spürbar ab. Stattdessen war sie bemüht, durch die Betonung traditioneller Werte Einfluss zu gewinnen. Der Islam wurde wieder zur Grundlage der Verfassung erhoben, ein «Hoher Rat der Geistlichen und Mullahs» wurde im April 1981 einberufen, und *jirga*s wurden mit Stammesführern abgehalten. In diesem Zusammenhang ist auch die Nationalitätenpolitik zu erwähnen, die nach sowjetischem Vorbild gestaltet wurde. Sie wertete in der Vergangenheit benachteiligte Ethnien durch die Erhebung ihrer Sprachen zu Nationalsprachen, die Herausgabe von Zeitschriften in ihren Sprachen sowie die Hervorhebung ihrer Kultur und Geschichte auf. Der Auswahl der Ethnien, die die Regierung in den Stand von Nationalitäten erhob, lagen geostrategische Überlegungen zugrunde. Kabul erkannte neben Paschtunen und Tadschiken Usbeken und Turkmenen als Nationalitäten an, da bereits gleichnamige sowjetische Republiken existierten. Die Idee einer staatlichen Inkorporierung Nordafghanistans in die drei angrenzenden Sowjetrepubliken, die immer wieder in Moskau diskutiert wurde, dürfte dabei eine Rolle gespielt haben. Durch die Anerkennung der Belutschen und Nuristani, die im Grenzgebiet zu Pakistan siedeln, sollte die Option offen gehalten werden, den Krieg nach Pakistan hineinzutragen. Die Hazaras als stets unterprivilegierte Ethnie wurden geradezu als «soziale Klasse» in den Stand einer Nationalität erhoben. Die Nationalitätenpolitik stand im krassen Gegensatz zur Nationalstaatsauffassung aller vorangegangenen Herrscher und Regime: Erstmals war Afghanistan nicht mehr das Land der Paschtunen, sondern ein Land verschiedener Nationalitäten. Die Propaganda Kabuls diffamierte daher die Widerstandsparteien als «paschtunische Chauvinisten».

Widerstandsbewegungen

Parteipolitische Wurzeln des Widerstands waren die islamistisch orientierten *jam'iat-i islami* und *hezb-i islami*, die sich seit 1975 im Exil in Peschawar befanden. Die USA und deren Verbündete sahen im Aufbau und in der Organisation eines bewaffneten islamistischen Widerstands die beste Möglichkeit, auf die sowjetische Invasion zu antworten – ohne selbst aktiv in den Krieg einzugreifen. Der Islam avancierte zum ideologischen Gegenpol des Kommunismus, was sich in der Ausrufung des Jihad gegen die gottlosen Kommunisten und in der Bezeichnung der Widerstandskämpfer als Mujahedin äußerte. Vornehmlich lieferten die USA und Saudi-Arabien dem Widerstand Waffen und Geld, zwischen 1980 und 1990 jeweils in Höhe von zwei Milliarden US-Dollar. Dem pakistanischen militärischen Geheimdienst Inter Services Intelligence (ISI) fiel die Aufgabe zu, den Widerstand zu organisieren. Anfang der achtziger Jahre schuf der ISI aus über achtzig Widerstandsgruppen sieben Parteien, die sogenannten Peschawar-Parteien, und festigte deren Stellung als politische Aushängeschilder des afghanischen Widerstands durch massive finanzielle Zuwendungen. Politisch-ideologische Kriterien entschieden über die Auswahl der Widerstandsgruppen. So erkannte Pakistan grundsätzlich keine paschtunisch-nationalistischen Gruppierungen oder Vertretungen der «königlichen» Durrani Stämme an, denn es wollte durch eine Beeinflussung und Kontrolle der Parteien die Paschtunistanfrage *ad acta* legen. Außerdem war Pakistan daran gelegen, durch die Anerkennung mehrerer Parteien eine afghanische Einheitsfront zu verhindern, um nicht die Kontrolle über den Widerstand zu verlieren. Dass sechs der sieben Parteien ihre meisten Anhänger unter Paschtunen hatten, ist darauf zurückzuführen, dass die meisten Flüchtlinge Paschtunen waren. Die USA bevorzugten islamistische Parteien aufgrund ihrer radikal antikommunistischen Einstellung. Die CIA beabsichtigte, den aufkeimenden Islamismus, an dem die USA in Iran selbst gescheitert waren, gegen die Sowjetunion zu kanalisieren. Schließlich spielte für Pakistan, Saudi-Arabien und die USA das ethnische Moment in der Parteienbildung eine wichtige Rolle. Denn sie misstrauten der Darisprachigen und schiitischen Bevölkerung grundsätzlich, da sie dieser eine Affinität zum politischen Gegner Iran unterstellten. Neben den Peschawar-Parteien entstanden schiitische Parteien, die in West- und Zentralafghanistan operierten und von Iran unterstützt wurden.

Die Peschawar-Parteien waren religiös ausgerichtet und unterschieden sich allein aufgrund bestimmter islamischer Vorstellungen voneinander. Es bürgerte sich ein, die islamistischen Parteien *(hezb-i islami, hezb-i islami* II, *itehad-i islami, jam'iat-i islami)* von den traditionalistischen *(harakat-i enqelab, jebheh-ye melli, mahaz-i melli)* zu unterscheiden. Während Erstere sich für die Umwandlung Afghanistans in eine islamische Republik einsetzten, favorisierten Letztere die Wiederinthronisierung Zaher Schahs. Streitigkeiten zwischen beiden Flügeln entbrannten vor allem an der Frage, ob die Schura, die geistliche Vertreter berücksichtigen sollte, oder die *jirga*, in der weltliche und geistliche Vertreter zusammenkommen, das geeignete Entscheidungsforum darstellte. Versuche, Bündnisse zwischen den Peschawar-Parteien zu schmieden, scheiterten regelmäßig an unterschiedlichen politischen Vorstellungen, an persönlichen Animositäten sowie am Konkurrieren der Parteien um ihren Einfluß in Afghanistan. Zwischen 1981 und 1983 verdrängte die *jam'iat-i islami* die bis dahin dominierende *harakat-i enqelab* aus Nord- und Westafghanistan. In Nordostafghanistan konkurrierten vor allem die *hezb-i islami* und die *jam'iat-i islami* miteinander. Häufig entschieden lokale Rivalitäten darüber, wem sich ein Dorf oder ein Stamm anschloss. So waren die Mujahedin meist nur locker mit den Widerstandsparteien über religiöse, ethnische oder tribale Netzwerke oder Klientel-Verhältnisse verbunden. Ideologien spielten nur eine untergeordnete Rolle. Die meisten Afghanen verstanden unter Islam und Kommunismus keine ausgefeilten Ideologien, sondern die Fortführung des Dualismus zwischen Stadt und Land. Der Islam stand synonym für die traditionelle Gesellschaftsordnung, während der Kommunismus mit der Kabuler Modernisierungs- und Zentralisierungspolitik assoziiert wurde. Daher hatte für viele Mujahedin die Verteidigung ihres Dorfes oder Tales

Parteien des Widerstands

Führer der *hezb-i islami* (Islamische Partei Afghanistans) war Golbud-Din Hekmatyar, ein Kharot-Ghilzai aus Nordafghanistan, der in Kabul Ingenieurwissenschaften studiert hatte. Die *hezb-i islami* war die einzige unter den Widerstandsorganisationen, die echte Parteistrukturen aufbaute; sie war radikal islamistisch ausgerichtet und hatte überwiegend Paschtunen als Mitglieder, die nicht mehr im Stammesdenken verhaftet waren. Die *hezb-i islami* verfügte im ganzen Land über Anhänger, konnte aber nirgendwo zu regionaler Bedeutung aufsteigen. Bis Ende der achtziger Jahre war sie die reichste Partei im Widerstand, da sie das »Lieblingskind« der USA und Pakistans war. Die *hezb-i islami* II spaltete sich 1979 von der *hezb-i islami* aufgrund eines Führungsstreits zwischen Hekmatyar und Yunus Khales, dem etwa 40 Jahre älteren Führer der *hezb-i islami* II, ab. Die *hezb-i islami* II baute auf tribalen Netzwerken auf und war in den paschtunischen Stammesgebieten Südostafghanistans recht populär. Berühmte Mujahedin wie Jalalud-Din Haqqani und die Haqq-Brüder ('Abdul Haqq, gest. 2001, Haji Qadir, gest. 2002) waren Mitglieder der *hezb-i islami* II.

Die *jam'iat-i islami-ye afghanistan* (Islamische Gemeinschaft Afghanistans) unter Führung des Tadschiken Borhanud-Din Rabbani galt als »Partei des Nordens« oder »Tadschiken-Partei«. Sie war seit 1984 die stärkste Partei in Afghanistan und war in vielen Regionen flächendeckend vertreten. Ihr Einfluß beruhte auf dem Ansehen und den persönlichen Netzwerken ihrer wichtigsten Kommandeure Isma'il Khan in Herat, Zabihullah (gest. 1984) in Mazar-i Scharif und Ahmad Schah Mas'ud (gest. 2001) im Panjschirtal. Im strategischen Denken Pakistans spielte sie eine untergeordnete Rolle, da der ISI wie selbstverständlich davon ausging, dass nur Paschtunen in einem Nachkriegsafghanistan eine Rolle spielen können.

Die *itehad-i islami bara-ye azadi-ye afghanistan* (Islamische Union für die Befreiung Afghanistans) gründete 'Abdul Rasul Sayyaf im März 1980. Sie war eine sehr kleine, aber reiche Partei, die zeitweise den Wahabismus propagierte. Daher erhielt sie starke finanzielle Unterstützung aus Saudi-Arabien und setzte sich ein Großteil ihrer Kämpfer aus arabischen Freischärlern zusammen. Die afghanischen Anhänger der *itehad* waren überwiegend Kharot-Ghilzai, denen auch Sayyaf selbst angehörte.

---

höchste Priorität, während nationale Aufgaben wie die Vertreibung der Sowjets aus Afghanistan oder der Kommunisten aus Kabul oft zweitrangig waren. In der Organisation des Widerstands spielte die traditionelle Führerschaft zudem kaum eine Rolle, da sie häufig ins Ausland flüchtete. Ihre Position wurde häufig von Mullahs oder jungen Islamisten eingenommen. Besonders Mas'ud, der im Panj-

Die *harakat-i enqelab-i islami* (Islamische Revolutionsbewegung) führte Maulawi Mohammad Nabi Mohammadi (gest. 2002), ein prominenter Geistlicher aus dem Ghilzai-Stamm der Ahmadzai, an. Er unterhielt eine angesehene Medrese in Logar, südlich von Kabul, und verfügte über großen Landbesitz in Südafghanistan, weshalb hier auch die Hochburgen seiner Partei lagen. Die *harakat-i enqelab* war die Partei der einfachen traditionellen sunnitischen Geistlichen und vertrat eine Synthese aus islamischer Orthodoxie und paschtunischer Tradition. Daher entsprach sie kaum mehr als einer Ansammlung lokaler, von Mullahs angeführter Kampfeinheiten. Sie bildete die Keimzelle der Taliban.

Die *jebheh-ye melli nejat-i afghanistan* (Nationale Rettungsfront Afghanistans) von Sebqatullah Mojaddedi und die *mahaz-i melli-ye islami-i afghanistan* (Nationale Islamische Front) von Sayyed Ahmad Gilani waren traditionalistisch-gemäßigte Parteien, die familiär organisiert waren, dem Establishment des »alten« Afghanistan entstammten, für die Wiederinthronisierung Zaher Schahs eintraten und auf Sufi-Netzwerken aufbauten. In militärischer Hinsicht waren beide unbedeutend und ihre Verbindungen zu ihren Kampfverbänden recht locker. Ihren stärksten Rückhalt hatte *mahaz-i melli* unter den Paschtunen Südostafghanistans, während die *jebheh-ye melli* über keine regionale Basis verfügte.

Bei den Schiiten dominierte anfangs die *schura-ye enqelab-ye iteffaq-ye islami* (Revolutionsrat der islamischen Einheit) unter Führung von Sayyed 'Ali Beheschti. Im Verlauf der ersten Hälfte der achtziger Jahre entstanden sieben weitere, überwiegend vom Iran unterstützte Parteien, die die *schura-ye enqelab* in Zentralafghanistan bekämpften. 1989 schlossen sich alle schiitischen Parteien zur *hezb-i wahdat* (Partei der Einheit) zusammen. Allein die *harakat-i islami-ye afghanistan* (Islamische Bewegung Afghanistans) von Ayatollah Asaf Mohseni, einem der höchsten schiitischen Geistlichen in Afghanistan, grenzte sich bewusst vom Iran ab und schloss sich nicht der *hezb-i wahdat* an. Diese Partei hatte ihre meisten Anhänger unter der schiitischen Stadtbevölkerung (v. a. Kandahars).

schirtal mehrfach Angriffe sowjetischer Truppen abwehrte, stieg zum Symbol des Widerstands auf.

11. Die Verselbständigung des Kriegs

(1986–1994)

Der Amtsantritt Gorbatschows ließ, trotz seiner Äußerungen, dass «Afghanistan eine blutende Wunde» sei, nicht auf eine Änderung der sowjetischen Haltung in der Afghanistanfrage schließen. Denn im Herbst 1985 suchte Gorbatschow zunächst eine schnelle militärische Lösung. General Zaitzew erhielt die Order, mit einem aggressiven Militäreinsatz den Krieg binnen eines Jahres zu beenden – es sollte das schlimmste Kriegsjahr werden. Ende 1986 hatte die sowjetische Armee aufgrund ihrer Luftüberlegenheit die Mujahedin in die Defensive gedrängt. Doch die Antwort von amerikanischer Seite ließ nicht lange auf sich warten. Anfang 1987 schafften es die Mujahedin, mit Hilfe amerikanischer Stinger-Abwehrraketen die sowjetische Lufthoheit empfindlich zu verletzen: Allein 1987 wurden 270 sowjetische Flugzeuge in einem Gesamtwert von zwei Milliarden US-Dollar abgeschossen. Angesichts dieser Erfolge hatten die USA kaum ein echtes Interesse an einer schnellen Beendigung des Afghanistankriegs. Es war durchaus in ihrem Kalkül, die sowjetische Armee bei geringem eigenen Einsatz vorzuführen. Dagegen setzte sich im Kreml die Meinung durch, dass der Afghanistankrieg militärisch nicht gewonnen werden könne und man sich schnellstmöglich aus dem Afghanistan-Abenteuer zurückziehen sollte.

Bereits seit 1986 bahnte Gorbatschow auf politischer Ebene behutsam eine Richtungsänderung an. Am 4. Mai 1986 löste auf Geheiß Moskaus Najib, der Chef des afghanischen Geheimdienstes, Babrak Karmal als Regierungschef ab. Mit der Wahl Najibs setzte Gorbatschow einen Mann an die Spitze der afghanische Regierung, der als moskautreu galt und von dem eine Einigung der DVPA erwartet wurde. Einen weiteren Schritt unternahm Gorbatschow am 28. Juli 1986, als er als Signal des guten Willens ankündigte, sechs Prozent des Militärpotentials aus Afghanistan abzuziehen. Doch sah das Ausland in diesem Schritt eher eine laue Geste als wirkliche Verhandlungsbereitschaft. Im November des gleichen Jahres ließ Gorbatschow wissen, dass die sowjetische Intervention nicht von Dauer sei und ein unabhängiges, blockfreies und neutrales Afghanistan mit einer vom afghanischen Volk bestimmen Regierung wünschenswert sei. Am 8. Februar 1988 stellte er schließlich den 15. Mai als konkretes Datum für den Beginn des sowjetischen Abzugs in Aussicht. Am 14. April 1988 unterzeichneten in Genf die afghanische und die pakistanische Regierung sowie die Sowjetunion und die Vereinigten Staaten als Garantiemächte einen Friedensvertrag – über die Köpfe der Widerstandsparteien hinweg. Die Sowjetunion verkürzte sogar von sich aus den Zeitraum des Abzugs von zwölf auf zehn Monate. Wesentlicher Streitpunkt zwischen den USA und der UdSSR blieb die Einmischung von außen. Die Sowjetunion begründete eine weitere Unterstützung des Kabuler Regimes mit dem Hinweis auf die Freundschaftsverträge von 1921 und 1978, in denen die sowjetische Militärhilfe ein Kernstück darstellte. Die Vereinigten Staaten ihrerseits sahen keine Veranlassung, die Militärhilfe für die Mujahedin einseitig einzustellen. Man einigte sich darauf, die Unterstützung der beiden kämpfenden Seiten beizubehalten. Diesen Beschluss, der eine Beendigung des Afghanistankriegs verhinderte, bezeichneten die Schutzmächte beschönigend als «positive Symmetrie», Kritiker dagegen als «Symmetrie des Todes».

Die Auflösung ideologischer Fronten

Die Politik Gorbatschows und der sowjetische Abzug veränderten die Situation in Afghanistan. Die Ernennung Najibs hatte die afghanische Bevölkerung zunächst mit Hohn hingenommen. Denn Najib, der Medizin studiert hatte, galt als schwerfällig und einfältig, weshalb er den Spitznamen «gaw», der Ochse, hatte. Jedoch sollte Najib bald die Afghanen eines Besseren belehren und ein längeres Stehvermögen an den Tag legen, als ihm manch einer zugetraut hatte. In Kabul genoss er Ende der achtziger Jahre einen guten Ruf und wurde ehrfurchtsvoll als «Dr. Najib» bezeichnet. Aufgrund des sowjetischen Disengagements gewann er eine Entscheidungsmacht, über die Babrak Karmal zu keinem Zeitpunkt verfügt hatte. Durch die Berufung auf nationale afghanische Werte wollte er sich und seine Partei als Förderer der nationalen Einheit darstellen. Diese «Politik der nationalen Versöhnung» war nach der Devise «nicht spalten, sondern versöhnen» ausgerichtet. Seine Ziele waren, den Widerstandsparteien das Wasser abzugraben, die paschtunischen Stämme zu gewinnen und die Flüchtlinge zur Rückkehr zu bewegen. Es galt darüber hinaus, der afghanischen Regierung, die aufgrund der Nationalitätenpolitik der vergangenen Jahre ein anti-paschtunisches, ja anti-nationales Image gewonnen hatte, ein neues, auch von Paschtunen akzeptiertes Selbstbild zu verschaffen. Najib selbst war Ghilzai-Paschtune und drückte seine Verbundenheit mit der islamischen Gesellschaftsordnung durch eine Änderung seines Namens in Najibullah aus. Der Islam wurde zur Staatsreligion erhoben, der Staat übernahm die Bezahlung von über 20 000 Mullahs, richtete in Kabul eine islamische Universität ein und bezuschusste Pilgerreisen nach Mekka. Außerdem wurde die DVPA in «Heimat-Partei» *(hezb-i watan)* umbenannt. Najibullahs Trumpfkarte war die Einberufung der *loya jirga* 1989 und 1990. Dieses Forum genoss in der Bevölkerung einen hohen Stellenwert, da es das «gute alte Afghanistan» verkörperte und die am stärksten anerkannte nationale Klammer bildete. Da die *jirga* als Entscheidungsorgan unter den Widerstandsparteien ideologisch stark umstritten war, konnte Najibullah diese Karte konkurrenzlos ausspielen. Wenn auch die *loya jirga* von 1989 und 1990 als konstituierende Versammlungen auftraten, indem sie Afghanistan eine Verfassung gaben, blieben sie *de facto* machtlos und dienten dem Kabuler Regime nur als demokratische Fassade. Ein ähnliches Urteil kann über das 1988 eingeführte Mehrparteiensystem gefällt werden. Dort nahmen zwar die Parteilosen über die Hälfte aller Sitze ein, doch verfügte das Parlament kaum über eine Entscheidungshoheit. Die Schlüsselpositionen besetzten nach wie vor altgediente Parteifunktionäre.

In der zweiten Hälfte der achtziger Jahre entstanden in Afghanistan militärische und zivile Strukturen, die sich dem Einfluß der Regierung wie des Widerstands entzogen. Hierzu trug die Regierung durch den Aufbau eigenständiger Milizen selbst bei. Bereits seit Anfang der achtziger Jahre war es die Strategie Kabuls, in den paschtunischen Stammesgebieten unter Ausnutzung tribaler Rivalitäten Milizen mit Hilfe finanzieller und materieller Anreize zu gewinnen. Seit Mitte der achtziger Jahre unterstützte die Regierung massiv den Aufbau von Milizen im ganzen Land. Diese galten als zuverlässiger als die Armee und sollten die Lücken schließen, die die abziehenden sowjetischen Truppen hinterließen. Viele dieser Milizen bauten auf ethnischen oder regionalen Verbindungen auf und wurden bewusst in ortsfremden Regionen eingesetzt, um eine Rücksichtnahme auf ethnische oder regionale Loyalitäten so weit wie möglich auszuschließen. Vor allem der bekanntesten und stärksten Miliz, der *jauzjan*-Miliz des Usbeken Raschid Dostum, haftete ein negativer Ruf an, weshalb sie der Volksmund als Teppichklauer *(gilam jam)* bezeichnete, was soviel wie Existenzvernichter bedeutet. Mit der Etablierung dieser Milizen verlor die afghanische Regierung endgültig das Gewaltmonopol.

Auf der Gegenseite gewannen aber auch viele Mujahedin gegenüber den Widerstandsparteien an Autonomie. So etablierte Ahmad Schah Mas'ud im Panjschirtal einen Kleinstaat mit Steuer- und Konskriptionssystem, Schul- und Gesundheitsweisen und eigener Gesetzgebung. 1988 dehnte er mit Hilfe der *schura-ye nazar* (Oberster Rat), einer lockeren Vereinigung von Mujahedin, seinen Einfluß auf ganz Nordafghanistan aus. Auch Isma'il Khan rief in der Provinz Herat staatsähnliche Strukturen auf regionaler Ebene ins Leben. Im Hazarajat, das seit Anfang der achtziger Jahre aufgrund eines Nichtangriffspakts mit Kabul bereits autonom war, errichtete die schiitische *schura-ye enqelab* eine eigene Verwaltung und Gerichtsbarkeit und baute Schulen, Krankenhäuser und Straßen. Sogar die Zahl der Bazare nahm in Zentralafghanistan während des Kriegs zu, und zwischen Hazarajat und Kabul florierte der Handel. Dieser Aufbau parastaatlicher Strukturen förderte das Selbstbewußtsein der im Lande verbliebenen Bevölkerung: Man hatte aus eigenen Kräften eine Selbstverwaltung aufgebaut und trotz Krieg in der Heimat ausgeharrt.

Für viele Mujahedin und Milizen waren zudem lokale und tribale Bindungen wichtiger als ihre politische Anbindung. Mujahedin konnten häufig Territorien durchqueren, die regierungsnahe Milizen der gleichen ethnischen bzw. tribalen Zugehörigkeit kontrollierten. Auch die Kämpfe zwischen örtlichen Mujahedin und Milizen fanden in der Regel nur zwischen rivalisierenden Dörfern, Stämmen oder Ethnien statt. Schließlich betrieben einige militärische Einheiten Handel, indem sie sich in den Dienst der Regierung stellten, um nach einer gewissen Zeit ihre Loyalität der meistbietenden Widerstandspartei zu verkaufen, nur um sich dann von der Regierung erneut kaufen zu lassen. Ein gutes Beispiel hierfür ist die Sarobi-Miliz, die das Wasserkraftwerk nahe Kabul kontrollierte und sowohl mit der *mahaz-i melli* als auch mit der Kabuler Regierung verbündet war. Diese Miliz stellte tagsüber die Stromversorgung Kabuls sicher, um sie dann nachts zu unterbrechen. Durch solche ständig wechselnden Bündnisse festigten die militärischen Gruppierungen ihre Position, wie es bereits zu Zeiten der Moguln-, Durrani- und britischen Herrschaft üblich war. In der Bevölkerung setzten sich allmählich pragmatische Überlegungen durch, so dass häufig Mitglieder einer Familie verschiedenen ideologischen Lagern angehörten, um sich alle Möglichkeiten offen zu halten. Schließlich schlug seit Mitte der achtziger Jahre die Konkurrenz zwischen den Widerstandsparteien in offene gewaltsame Konflikte um. Obgleich einige Auseinandesetzungen gerade zwischen sunnitischen und schiitischen Einheiten von religiösem Eifer getragen waren, standen meist machtpolitische Interessen und persönliche Rivalitäten im Vordergrund. In Südafghanistan kämpften die *hezb-i islami* und die *harakat-i enqelab* um die Kontrolle des Opiumanbaus und -handels, während sich in Zentralafghanistan schiitische Parteien bekämpften und in Nord- und Nordostafghanistan seit 1985 ein offener Krieg zwischen *hezb-i islami* und *jam'iat-i islami* tobte. Die Animositäten zwischen diesen beiden Parteien waren so stark, dass *hezb-i islami* zuweilen mit *khalq* und *jam'iat-i islami* mit *parcham* gegen die andere Partei kollaborierten.

(1986 –

Der Sturz Najibullahs (1992)

Auf politischer Ebene brachte das Genfer Abkommen Bewegung in die Bündnispolitik. Mit einem Mal befand sich die Glaubwürdigkeit der Widerstandsparteien auf dem Prüfstand, da sie Alternativen für ein zukünftiges Afghanistan vorweisen mussten. 1989 schlossen sich auf Drängen Irans die schiitischen Parteien unter Führung von 'Ali Mazari zur *hezb-i wahdat* zusammen. Die Peschawar-Parteien bildeten – trotz interner Feindschaften – 1989 eine Gegenregierung, die eine starke pakistanische und amerikanische Handschrift trug: So übernahmen Ghilzai-Paschtunen Schlüsselpositionen, während die als königstreu geltenden Durrani-Paschtunen und die *hezb-i wahdat* aus der Regierungsbildung ausgeschlossen wurden. Auch die *jam'iat-i islami* als einzige nicht-paschtunische Partei wurde in die Statistenrolle gedrängt. Die einseitige Zusammensetzung dieser Gegenregierung verhinderte endgültig ein geeintes Vorgehen aller Widerstandsgruppen. So scheiterte die Belagerung Kabuls durch die

Mujahedin im Winter 1988/89 genauso wie eine vom ISI und US-Militärs lancierte Großoffensive auf Jalalabad im März 1989. An beiden Aktionen nahmen *hezb-i wahdat* und *jam'iat-i islami* nicht teil. Beide Angriffe verdeutlichten, dass die Mujahedin zwar im Guerillakrieg geübt waren, aber keinen Belagerungskrieg führen konnten.

Jedoch nicht nur im Widerstand, sondern auch in der Kabuler Regierung nahmen die Konflikte zu. Seit 1990 wurde der Gegensatz zwischen *khalq* und *parcham* vom Konflikt zwischen Paschtunen und Nicht-Paschtunen überlagert. Die Nicht-Paschtunen vereinigte die Angst vor dem Aufleben eines paschtunischen Hegemoniestrebens, das sie durch die wachsende Anzahl von Paschtunen in Schlüsselpositionen bestätigt sahen. Den radikal-paschtunischen Flügel besetzten Mitglieder von *khalq* unter Führung des *parchami* General Tanai, die eine Machtergreifung der nicht-paschtunischen Milizen und die Aufteilung des Landes befürchteten. Am 6. März 1990 eskalierten diese Spannungen in einem Putsch General Tanais, der jedoch niedergeschlagen werden konnte, da sich große Teile des Militärs neutral verhielten. Tanai floh nach Pakistan und ging dort eine vom ISI lancierte Allianz mit Hekmatyar ein.

Zwei Jahre später erfolgte der Sturz des Najibullah-Regimes. Erneut prägten Entscheidungen, die weit entfernt von Afghanistan gefällt wurden, die Entwicklung des Landes. Der gescheiterte Putsch sowjetischer Hardliner im Sommer 1991 und die Machtergreifung Boris Jelzins veränderten die Moskauer Afghanistanpolitik. Im September 1991 vereinbarten der russische Außenminister Boris Pankin und sein amerikanischer Kollege James Baker die Einstellung von Waffenlieferungen an die afghanischen Kriegsparteien. Da die Loyalität der Milizen gegenüber der Kabuler Regierung weitgehend auf Soldzahlungen beruhte, bestand für Najibullah mehr denn je die Gefahr eines Abfalls der Milizverbände. Er setzte nun auf die paschtunische Karte, um seine Macht zu sichern und den sich anbahnenden Konflikten mit den Milizen Nordafghanistans beggenen zu können. Sein Ziel war es, die überwiegend nicht-paschtunischen Milizen und militärischen Verbände Nordafghanistans unter die Aufsicht paschtunischer Gefolgsleute zu stellen. Als Najibullah in der nordafghanischen Garnison Hairatan den tadschikischen General 'Abdul Momen durch General Rasul, einen Paschtunen und *khalqi*, ersetzten lassen wollte, meuterte die Garnison. Umgehend schlossen sich die nicht-paschtunischen Milizen und Militärs in

Nordafghanistan an. Wie wenig ideologische Grenzen noch der Lagerbildung dienten, zeigte sich, als die Aufständischen eine Allianz mit der von Mas'ud geführten *schura-ye nazar* eingingen und binnen weniger Tage das gesamte Land nördlich von Kabul einnahmen.

Der Kollaps des Najibullah-Regimes vollzog sich innerhalb der nächsten zwei Wochen. Während sich nördlich von Kabul die nichtpaschtunischen Kräfte formierten, hatte die *hezb-i islami* umgehend ihre Truppen südlich von Kabul massiert, und die schiitische *hezb-i wahdat* näherte sich von Westen her der Stadt. Die Anhänger der Regierung fächerten sich entlang ethnischer Trennlinien auf und wurden problemlos in die neuen Machtstrukturen inkorporiert. Die Spannungen eskalierten am 25. April 1992 in erbitterten Kämpfen um das Innenministerium und den Präsidentenpalast. Auf der einen Seite standen die vereinten Kräfte der Nicht-Paschtunen, auf der anderen Seite die Paschtunen von *hezb-i islami* und *khalq*. Obwohl es Ersteren gelang, Letztere aus ihren Stellungen zu vertreiben, konnte Hekmatyar seine Front im Süden Kabuls bis 1996 halten. Najibullah flüchtete in die UNO-Mission in Kabul.

Die Fragmentierung Afghanistans

Der Zusammenbruch der Regierung hatte zur Folge, dass nun Warlords und ihre Milizen das staatliche Gewaltmonopol ersetzten und unabhängige Kleinstaaten gründeten. Dennoch stellten sie die Existenz des Staates Afghanistan nicht in Frage: Es ging ihnen allein um eine möglichst große Autonomie. Raschid Dostum etablierte in Nordafghanistan ein autokratisches Regime, in dem Anhänger der alten Regierung Zuflucht suchten. Außerdem wandelte er seine *jauzjan*-Miliz in eine Partei, die *jombesch-i melli*, um. In Westafghanistan war Isma'il Khan die unumstrittene Führungspersönlichkeit, während im Nordosten des Landes Mas'uds *schura-ye nazar* dominierte. In Zentralafghanistan hatte die *hezb-i wahdat* ihre Macht etablieren können. In dem von Paschtunen dominierten Süd- und Südostafghanistan herrschte auf regionaler Ebene ein Machtvakuum, da die tribalen Disparitäten es keiner Partei ermöglichten, sich über den lokalen Rahmen hinaus zu etablieren. Diese Desintegration Afghanistans manifestierte sich besonders auf der ökonomischen Ebene. So waren die verschiedenen Regionen stärker mit den Wirtschaftsstrukturen der Nachbarstaaten verflochten als mit dem Rest des Landes: Nordafghanistan war in die Wirtschaftskreisläufe der mittelasiatischen GUS-Staaten integriert, und Westafghanistan trieb regen Handel mit Iran, während viele Stämme und *warlords* im paschtunischen Stammesgürtel nach Pakistan ausgerichtet waren und sich mit illegalen Geschäften (Opiumhandel, Schmuggel) finanzierten. In ähnlicher Weise war die *schura-ye nazar* in Badakhschan in den Drogen- und Edelsteinhandel, der über Tadschikistan verlief, verstrickt.

Mit dem Zerfall Afghanistans ging auch jegliche Sicherheit verloren: Willkürliche Gewaltanwendung, die Erhebung von Wegezöllen, Überfälle und Enteignungen waren überall im Land an der Tagesordnung. Die militärischen Auseinandersetzungen konzentrierten sich dagegen auf Kabul. Es galt die Devise, wer Kabul beherrscht, beherrscht Afghanistan. Zunächst entsprach die Frontenstellung der Formel «Nicht-Paschtunen gegen Paschtunen», da sich *jam'iat-i islami*, Dostums *jombesch-i melli* und die *hezb-i wahdat* in einem Bündnis gegen die *hezb-i islami* befanden. Fast alle anderen Mujahedin-Parteien hielten sich aus den Kämpfen um Kabul heraus, da sie sowohl eine Herrschaft Mas'uds als auch Hekmatyars ablehnten. Jedoch hielt die Allianz der Nicht-Paschtunen nicht lange: Bereits im Spätsommer 1992 kündigte die *hezb-i wahdat* die Allianz auf. Neujahr 1994 verließ auch Dostum das Bündnis. Beide Parteien verbündeten sich nun mit Hekmatyar gegen die *jam'iat-i islami*. Die Neujahrsoffensive dieser neuen Allianz intensivierte die Kämpfe in Kabul und trug den Krieg auch in die Provinzen hinein. In Nordafghanistan konnte sich Dostum nur mühsam gegen Isma'il Khan, der von Westen her angriff, und gegen Mas'ud, dessen Truppen zeitweilig Kunduz einnahmen, erwehren. Gegen Ende des Jahres 1994 hatte die *jam'iat-i islami* die Kontrolle über die meisten Stadtteile Kabuls gewonnen.

Leidtragende der Kämpfe in Kabul war die Zivilbevölkerung. Die Kriegsparteien legten die Stadt, die unter kommunistischer Herrschaft nahezu unversehrt geblieben war, in Schutt und Asche. Allein die Dauerbombardierung durch die *hezb-i islami* soll annähernd 40000 Opfer gefordert haben. Folter und Vergewaltigung von Kabuler Zivilisten, die die Mujahedin als Kommunisten und Städter verachteten, waren an der Tagesordnung. Schließlich nahmen viele Straßenkämpfe Züge von «ethnischen Säuberungen» an. Eine besondere Tragödie spielte sich am 11. Februar 1993 in dem von Hazaras bewohnten Stadtviertel Afschar ab. Neun Stunden lang nahmen die Truppen Mas'uds diesen Stadtteil unter Artilleriebeschuß. Anschließend richteten die Kämpfer Sayyafs, der mit der *jam'iat-i islami* verbündet war, ein Massaker an der Zivilbevölkerung an. Die Hazaras rächten sich, indem sie in den von ihnen kontrollierten Stadtteilen alle Nicht-Hazaras systematisch ermordeten oder vertrieben. Insgesamt forderten die Kämpfe in Kabul 60 000 bis 80 000 Menschenleben. Die permanente Bombardierung der Stadt löste eine neue Massenflucht aus, nachdem in den ersten Monaten nach dem Sturz Najibullahs bereits 1,5 Millionen Afghanen ins Land zurückgekehrt waren. Jedoch zeigten sich Pakistan und Iran nicht mehr gewillt, afghanische Flüchtlinge aufzunehmen, und schlossen ihre Grenzen.

Die militärische Fragmentierung Afghanistans spiegelte sich in der Regierungsbildung wider. Im April 1992 einigten sich die Peschawar-Parteien im *Peschawar-Accord* auf die Einrichtung einer Übergangsregierung, die auch die *hezb-i wahdat* einschloss. Erster Präsident der «Islamischen Republik Afghanistan» war für zwei Monate (28. April bis 28. Juni 1992) Sebqatullah Mojaddedi. Vom 28. Juni 1992 bis zum 22. Dezember 2001 beanspruchte Borhanud-Din Rabbani das Präsidentenamt für sich, obwohl er seit der Machtübernahme der Taliban 1996 fast nur außerhalb des Landes lebte. Der Versuch, alle Kriegsfraktionen in einer Regierung zusammenzuführen, scheiterte, als sich Rabbani am 29. Dezember 1992 von einer von ihm selbst zusammengestellten *Schura* (*schura-ye al-o aqd*) wiederwählen ließ. Nun dominierte die *jam'iat-i islami* unter Beteiligung diverser kleiner Parteien die Übergangsregierung und besetzte alle wichtigen Schlüsselpositionen im Militär und in der Zivilverwaltung mit ihrer Klientel. Wenngleich die Regierung aufgrund der anhaltenden Kämpfe ohnehin handlungsunfähig war, bedeutete diese alleinige Machtausübung der *jam'iat-i islami* eine empfindliche Niederlage der Diplomatie.

Mit der Fragmentierung des Landes und den kriegerischen Auseinandersetzungen verschoben sich die ideologischen Leitlinien des Konflikts. Die Berufung auf den Islam avancierte zur einzigen Legitimation für politische und militärische Handlungen, während der Kommunismus als ideologischer Gegenpol wegfiel. Dostum schrieb seiner Bewegung, der *jombesch-i melli*, eine diffuse, nicht klar definierte Auffassung vom Islam auf die Fahne. Allein um sich von den «Kommunisten» der *jombesch-i melli* abzugrenzen, waren die Mujahedin-Parteien genötigt, radikalere und plakativere Vorstellungen vom Islam zu vertreten. Sie begaben sich in einen Konkurrenzkampf, der sich auf den Nenner bringen läßt, dass sich eine Kriegsfraktion für um so «islamischer» hielt, je radikalere Auffassungen eines «wahren Islam» sie ihrem Selbstverständnis zugrunde legte. Das «Islamische» wurde mit Vorliebe an sichtbaren, plakativen Maßnahmen festgemacht, die sich in öffentlich wirksamen Restriktionen (z. B. Verschleierung) gerade gegen die schwachen Mitglieder der Gesellschaft und Andersgläubige richteten, jedoch kaum noch auf einer islamischen Legitimation fußten.

Aufgrund dieses «Ausverkaufs» islamischer Werte waren die Parteien mehr und mehr gezwungen, neue Profile zu entwickeln, um sich voneinander abzugrenzen. Der Rückgriff auf ethnische Referenzen bot sich an. Die *jam'iat-i islami*, *hezb-i wahdat* und *jombesch-i melli* mobilisierten mittels ihrer ethnischen Identität Kämpfer unter den Tadschiken, Usbeken und Hazaras. Jedoch fehlte eine Partei, der es gelang, die tribale Zerrissenheit der Paschtunen zu überwinden und sich als deren Fürsprecher auszugeben. Hekmatyars Versuch seit Ende der achtziger Jahre, Ethnizität zur Mobilisierung von Anhängern einzusetzen, scheiterte an seiner persönlichen Unglaubwürdigkeit, denn noch wenige Jahre zuvor hatte er seine paschtunische Identität heruntergespielt. Er entsprach auch aufgrund der unrühmlichen Rolle, die seine Partei durch die kompromisslose Ermordung von Gegnern und Kritikern im Widerstand gespielt hatte, nicht den paschtunischen Vorstellungen von einem Ehrenmann. Diese politische Kehrtwendung Hekmatyars bildete im übrigen den Nährboden für das Gerücht, er habe einige Wochen vor dem Sturz Najibullahs mit diesem eine übergreifende Allianz vereinbart. Jedoch setzten die afghanischen Politiker nie öffentlich, sondern immer nur im Verborgenen auf die ethnische Karte. Denn die Betonung des Ethnischen konterkarierte die starke afghanische nationale Identität, die im Verlauf des Kriegs gewachsen war. Zudem wurde Ethnizität als unislamisch eingestuft, da sie die Einheit der islamischen Gemeinschaft in Frage stellt. Schließlich blieb trotz der Ethnisierung des Kriegs eine Ethnisierung der Massen aus. Obgleich die Auflösung traditioneller Gesellschaftsmuster im Zuge von Krieg, Vertreibung und Exil eine ethnische Mobilisierung begünstigte, stellten für die Bevölkerung nach wie vor die Familie, der Clan und das Dorf die wesentlichen Solidarverbände dar.

Ausländische Einflussnahme

Mit dem Ende des Kalten Kriegs verlor der Afghanistankrieg seine weltpolitische Dimension und wandelte sich zu einem regionalen Konflikt, in den besonders die Nachbarstaaten involviert waren. Vereinbarungen wie der *Islamabad Accord* vom 7. März 1993 und die UN-Friedensbemühungen unter dem Sonderbotschafter Mahmud Mestiri (1993–1996) scheiterten nicht allein am Unwillen der Kriegsparteien, sondern auch am Einfluss der Nachbarstaaten. Während Iran und Pakistan als «regionale Scharniere» wirkten, blieben Staaten wie China, die Türkei und Indien, aber auch die USA und Russland im Hintergrund und übten indirekt über Iran und Pakistan Einfluss in Afghanistan aus.

Iran wie Pakistan beabsichtigten, über einen möglichst großen Einfluss in Afghanistan zur regionalen Großmacht aufzusteigen. Daher war die Afghanistanpolitik beider Staaten offensiv ausgerichtet, wenn sich auch in beiden Ländern verschiedene Strömungen erkennen ließen. Radikal-islamistische Guppierungen des Iran wie die *pasdaran* (Religionswächter) standen aufgrund der schiitischen Gemeinsamkeit der *hezb-i wahdat* nahe. Doch unterstützte Teheran auch die *jam'iat-i islami* aufgrund deren Feindschaft zum pakistanischen Favoriten Hekmatyar und der kulturellen Verbundenheit zwischen Persern und Tadschiken. In einer Machtergreifung des ISI-Schützlings Hekmatyar sah Pakistan seine eigenen Interessen in Afghanistan am ehesten verwirklicht. Doch zerbrach 1992 das Bündnis zwischen ISI und *hezb-i islami* aufgrund der paschtunischen Propaganda Hekmatyars, wodurch er sich als Garant für eine Beilegung des Paschtunistankonflikts disqualifizierte. Auch das Verhältnis zwischen ISI und *jam'iat-i islami* hatte sich seit deren Machtübernahme spürbar abgekühlt, da Iran und der pakistanische Erbfeind Indien diese unterstützten. Islamabad hatte somit seit 1992 keinen Einfluss mehr auf eine der mächtigen Kriegsparteien. Die pakistanische Afghanistanpolitik befand sich in einer Krise. In einem ähnlichen Dilemma befand sich Saudi-Arabien, einst einer der wichtigsten Sponsoren des Widerstands. Das Land hatte seinen langjährigen Bündnispartner Hekmatyar ebenfalls fallen lassen, als dieser im Golfkrieg 1991 seine Sympathien für Saddam Hussein bekundete.

Für die mittelasiatischen GUS-Staaten, in denen sich die ehemaligen kommunistischen Kader an der Macht halten konnten, war die innenpolitische Stabilität im eigenen Land oberste Prämisse; diese sahen sie durch das Einsickern militanter Islamisten aus Afghanistan gefährdet. Usbekistan, die mächtigste der mittelasiatischen Republiken, unterstützte Dostum, da es in diesem ein Bollwerk gegen das Entstehen eines radikal-islamischen Staats an seiner Grenze erblickte und es sich mit diesem ethnisch verbunden fühlte. Die Situation in Tadschikistan hatte direkte Auswirkungen auf Afghanistan. So herrschte in Tadschikistan seit Herbst 1991 Bürgerkrieg zwischen der Regierung ehemaliger Kommunisten und der Opposition. Diese bildete ein Sammelbecken diffuser islamischer Strömungen, die Iran unterstützte und die von afghanischem Boden aus unter Duldung der *jam'iat-i islami* operierte. Der Bürgerkrieg in Tadschikistan hatte zur Folge, dass weit über 50 000 Tadschiken zeitweise nach Nordafghanistan flohen. Russland nutzte diese instabile Lage in Afghanistan und Tadschikistan, um die mittelasiatischen Republiken vor einer drohenden «Afghanisierung» zu schützen und seinen Einfluss in der Region zu sichern. Unter Moskaus Leitung wurden 20 000 GUS-Soldaten an der tadschikisch-afghanischen Grenze stationiert. Für Russland symbolisierte diese militärische Präsenz an der südlichen Außengrenze der GUS, dass Mittelasien Teil der russischen Interessenssphäre war. Daher war die Meinung weit verbreitet, dass Russland an der Beendigung des tadschikischen Bürgerkriegs gar kein Interesse hatte. In der Tat verlief die russische Außenpolitik zweigleisig: Denn Russlands wichtigster Verbündeter in Afghanistan war neben Dostum die *jam'iat-i islami*, gegen die sowjetische Truppen jahrelang gekämpft hatten und die die islamische Opposition in Tadschikistan unterstützte. Russland druckte etwa das afghanische Geld für die regierende *jam'iat-i islami*.

Turkmenistan, das über die zweitgrößten fossilen Energieressourcen der Welt verfügt, interessierte sich seit Anfang der neunziger Jahre für die Erschließung neuer Transportwege, um von dem russischen Pipelinesystem unabhängig zu werden. Das Vorhaben Turkmenistans, sich an das iranische Pipelinesystem anzuschließen, rief erneut die USA auf den Plan. Entsprechend ihrer politischen Linie, Iran zu isolieren, übten die USA wirkungsvoll Druck auf Turkmenistan aus, die «iranische Variante» zu verwerfen. Die amerikanische Alternative lautete, eine Pipeline durch West- und Südafghanistan zum pakistanischen Hafen Gwadar zu bauen. Für die Umsetzung dieses Projekts zeigten nun auch die USA Interesse an einer Befriedung Afghanistans. Ein weiterer Grund dafür war, dass Afghanistan zum Zentrum des militanten Islamismus aufgestiegen war. Bereits 1993 hatten in Afghanistan ausgebildete Terroristen ein Attentat auf das World Trade Center und 1995 Anschläge auf amerikanische Diplomaten in Saudi-Arabien und Pakistan verübt. In dieser Situation lag es für die USA nahe, das alte Bündnis mit Pakistan und Saudi-Arabien, die im Afghanistankrieg auf die Verliererstraße geraten waren, zu reaktivieren. Das Projekt Taliban konnte in Angriff genommen werden.

12. Aufstieg und Herrschaft der Taliban

(1994-2001)

Das Interesse Pakistans und Saudi-Arabiens, in Afghanistan wieder an Einfluss zu gewinnen, sowie die amerikanischen Wirtschafts- und Sicherheitsinteressen bildeten die wesentlichen Voraussetzungen für die Entstehung der Taliban (Religionsstudenten). Den ausländischen Unterstützern der Taliban kam deren radikal sunnitisch-orthodoxe Ausrichtung gerade recht: So lag es im Interesse der USA und Saudi-Arabiens, dass sich der schiitische Iran durch die Taliban, für die das Schiitentum eine Häresie darstellte, bedroht fühlte. Pakistans Sicherheitsbedürfnis wurde durch das religiöse Auftreten der Taliban befriedigt. Denn aufgrund der radikal-islamischen Ausrichtung war diese Bewegung gezwungen, das paschtunische Moment zu unterdrücken. Ein Wiederaufleben der Paschtunistanfrage wurde hierdurch ausgeschlossen. Unter Benazir Bhutto, die 1993 in Islamabad wieder an die Macht kam, übernahm der pakistanische Innenminister Babbar die Federführung beim Aufbau der Taliban. Hierzu griff er auf die Netzwerke der *harakat-i enqelab* von Nabi Mohammadi zurück, die vor allem einfache Mullahs und Koranschüler der reaktionären deoband-Schule umfasste. Dem ISI oblag es, aus den Taliban eine Armee zu bilden. Das Geld für den Aufbau der Taliban stammte überwiegend aus Saudi-Arabien, doch wurde die Bewegung auch von verschiedenen Ölkompanien unterstützt: Ein Konsortium aus dem US-Konzern Unocal und dem saudi-arabischen Unternehmen Delta Oil konkurrierte mit dem argentinischen Konzern Bridas um den Zuschlag der Taliban für das 2,5 Milliarden US-Dollar teure Pipeline-Projekt. Die USA vermieden es, direkt mit den Taliban in Verbindung gebracht zu werden. Doch sind die stillschweigende Duldung ihrer Ausbreitung sowie die Besuche von US-Diplomaten im Hauptquartier der Taliban Indizien für ein zumindest anfängliches Interesse der USA.

Die Machtübernahme der Taliban

Seit Spätsommer 1994 breiteten sich die Taliban in Südafghanistan aus. Ihr rasches Ausgreifen wurde durch das dortige Machtvakuum begünstigt. Entscheidend für ihre Anfangserfolge war, dass sie zuerst in den Stammesgebieten der Durrani-Paschtunen auftraten. Denn die Durrani, die während des gesamten Afghanistankonflikts aus den Schaltstellen der Macht verbannt worden waren, sahen mit den Taliban erstmals die Möglichkeit, wieder nach der zentralen Macht zu greifen. Es erstaunt daher nicht, dass Kandahar, das Zentrum der Durrani-Paschtunen, nun zur Hochburg der Taliban aufstieg. Anfang 1995 dehnten die Taliban ihre Herrschaft nach Norden und Osten aus. Widerspenstige Warlords machten sich die Taliban durch finanzielle Zuwendungen gefügig. Ihr erster Versuch, Kabul einzunehmen, endete unrühmlich, da sie durch die Beschießung von Wohnvierteln und die hinterhältige Ermordung des Führers der *hezb-i wahdat*, 'Ali Mazari, im März 1995 ihr Image als Saubermänner einbüßten. Auch ihren Nimbus der Unbesiegbarkeit, der ihnen aufgrund ihrer Anfangserfolge vorauseilte, verspielten die Taliban, als sie vor den Toren Kabuls gegen die *jam'iat-i islami* ihre erste Niederlage einstecken mussten. Diese Schlappe konnten sie jedoch durch die Eroberung Herats im Oktober 1995 wettmachen, nachdem ein Angriff Isma'il Khans auf Kandahar fehlgeschlagen war. Der schnelle Machtgewinn der Taliban führte dazu, dass sich Hekmatyar, der zwischen die Fronten der Taliban und der *jam'iat-i islami* geraten war, am 26. Juni 1996 der Regierung, die er vier Jahre lang bekämpft hatte, anschloss. Er erhielt das Amt des Ministerpräsidenten, doch verlor er durch dieses Wendemanöver einen Großteil seiner Gefolgsleute, die es vorzogen, auf Seiten der paschtunischen Stammesbrüder der Taliban als auf der der verhassten *jam'iat-i islami* zu kämpfen.

Ende September 1996 nahmen die Taliban Kabul ein. Am Tag des Einmarschs wurde der ehemalige Präsident Najibullah, der seit 1992 in einem UN-Gebäude untergebracht war, hingerichtet und seine Leiche öffentlich zur Schau gestellt. Pakistan und Saudi-Arabien erkannten die Taliban umgehend als neue Regierung an. Washington reagierte dagegen aufgrund des zunehmend negativen Images der Taliban in der amerikanischen Bevölkerung zurückhaltend. Diese neu gewonnene Distanz unterstrichen die USA durch die Schließung der afghanischen Botschaft in Washington. Die OIC (Organisation of Islamic Countries) betonte ebenfalls ihre Neutralität, indem sie den Ländersitz Afghanistans für vakant erklärte. Das Verhalten der europäischen Staaten gegenüber den Taliban kann als ablehnend interpretiert werden, denn die Botschaften in Bonn, London und Paris, die alle mit Vertretern der *jam'iat-i islami* besetzt waren, blieben geöffnet.

Die Einnahme Kabuls veranlasste die Parteien, die sich bis 1996 bis aufs Blut bekämpft hatten, eine Allianz gegen die Taliban einzugehen. So schlossen sich *jam'iat-i islami*, *jombesch-i melli*, *hezb-i wahdat*, und *itehad-i islami* zu einem Bündnis zusammen. Auch die *hezb-i islami* war Mitglied dieses Bündnisses, wenngleich eher passiv, da Hekmatyar nach Iran floh. Mit der Gründung dieser «Allianz für die Rettung des Vaterlands» – im Volksmund «Nordallianz» genannt – löste das Szenario einer Zweiteilung Afghanistans das Szenario einer Fragmentierung des Landes, das bis 1994 vorherrschend gewesen war, vorübergehend ab. Als Folge der Spaltung Afghanistans in einen Nord- und einen Südteil verlor Kabul zugunsten Kandahars, der Zentrale der Taliban, und Mazar-i Scharifs, der Zentrale der Nordallianz, seine Bedeutung. Diese Spaltung Afghanistans wurde als Auseinanderdriften des Landes in einen südlichen, paschtunischen und einen nördlichen, nicht-paschtunischen Teil interpretiert und durch die Umbenennung der «Islamischen Republik Afghanistan» in das «Islamische Emirat Afghanistan» durch die Taliban forciert.

Die GUS-Staaten, die sich durch den radikalen Islam der Taliban bedroht fühlten, reagierten auf den Machtwechsel in Kabul umgehend, indem sie sich am 4./5. Oktober 1996 in Almaty für eine Unterstützung der Nordallianz aussprachen. Allein Turkmenistan, das aufgrund seiner Erdölgeschäfte ein Interesse an den Taliban hatte, blieb diesem Treffen fern. Auch Iran unterstützte die Nordallianz, da das Land sich durch die Taliban bedroht fühlte. Zwischen Russland und Iran entstand eine lockere Allianz, da beide ihre Optionen auf die Ausbeutung der Erdölreserven am Kaspischen Meer wahren und den Bau der Pipeline durch Afghanistan verhindern wollten. Ein Zeichen hierfür war, dass beide Staaten seit dem Machtwechsel in Kabul die Beendigung des Bürgerkriegs in Tadschikistan forcierten, um den Taliban keine Angriffsfläche zu bieten. Auch die *jam'iat-i islami*, von deren Territorium aus der islamische Widerstand operiert hatte, war an einer Beilegung des Bürgerkriegs in Tadschikistan interessiert, da sie selbst durch den Vormarsch der Taliban Rückzugsgebiete in Tadschikistan benötigte. Am 27. Juni 1997 wurde der Friedensvertrag zwischen der tadschikischen Regierung und der islamischen Opposition ratifiziert.

Krieg am Hindukusch

Seit dem Winter 1996/97 bekämpften sich die Taliban und die Nordallianz in Westafghanistan sowie an den strategisch wichtigen Pässen über den Hindukusch nördlich von Kabul. Dostum galt als der starke Mann der Nordallianz. Doch geriet seine Macht ins Wanken, als Malek Pahlawan, sein Oberbefehlshaber der Frontprovinz Faryab, ein Bündnis mit den Taliban einging. Grund für Maleks Überlaufen waren finanzielle Anreize sowie das sich verschlechternde Verhältnis zu Dostum, dem die Ermordung von Maleks Bruder, Rasul Pahlawan, angelastet wurde. Maleks Frontenwechsel Mitte Mai 1997 ermöglichte den Taliban, bis nach Mazar-i Scharif vorzurücken. Gleichzeitig überschritten sie die Pässe im zentralen Hindukusch und fielen nach Nordafghanistan ein. Die Situation spitzte sich dramatisch zu: Dostum floh überstürzt über Usbekistan in die Türkei, während sich Rabbani nach Tadschikistan absetzte. Am 24. Mai nahmen die Taliban mit 5000 Mann Mazar-i Scharif ein.

Doch bereits am 28. Mai wendete sich das Blatt. Anlass war die Entwaffnung der Bevölkerung. Binnen kürzester Zeit erhoben sich unter Führung der *hezb-i wahdat* die Hazaras und richteten unter den Taliban, die sich im Gassengewirr der Stadt nicht auskannten, ein Blutbad an. Malek erkannte die Zeichen der Zeit. Er kündigte das Bündnis mit den Taliban auf und schlug sich mit seinen Truppen auf die Seite der *hezb-i wahdat*. An diesem Tag sollen 1000 bis 1500 Taliban ermordet und weitere 3000 gefangengenommen worden sein, die später liquidiert und in Massengräbern verscharrt wurden. Parallel zum Taliban-Fiasko in Mazar-i Scharif gelang es der Nordallianz, die Pässe zwischen Nord- und Südafghanistan wieder einzunehmen. Die Truppen der *jam'iat-i islami* drängten die Taliban bis an die Stadtgrenze Kabuls zurück, wo bis Ende 1998 die Front verlief. Als Akt der Vergeltung blockierten die Taliban im Winter 1997/98 die UN-Nahrungsmitteltransporte nach Zentralafghanistan, um die Hazaras auszuhungern.

Die Position Maleks blieb schwach, da ihn das mit der Nordallianz verbündete Ausland aufgrund seiner Liaison mit den Taliban ablehnte und Dostum in der *jombesch-i melli* über einen starken Rückhalt verfügte. Anfang September leitete der erneute Versuch der Taliban, Mazar-i Scharif einzunehmen, den Niedergang Maleks ein. Die Hauptlast bei der Abwehr dieses Angriffes trug erneut die *hezb-i wahdat*. Die unübersichtliche Situation in der Stadt nutzten die Gegner Maleks, um ihn aus der Stadt zu vertreiben und Dostum aus dem Exil zurückzuholen. Malek zog sich in die Provinz Faryab zurück, aus der ihn Dostum zwei Monate später vertrieb. Er floh über Turkmenistan und Iran in die Türkei. Auch wenn Dostum wieder im Sattel saß, war er mehr denn je von der Loyalität seiner Kommandanten abhängig. Wie wenig die Nordallianz eine geschlossene Einheit darstellte, zeigte sich, als Mitte März 1998 in Mazar-i Scharif Kämpfe zwischen der *hezb-i wahdat* und der *jombesch-i melli* ausbrachen. Dostum war gezwungen, seine Zentrale nach Schiberghan zu verlegen.

Aufgrund dieser Zwistigkeiten gelang es den Taliban, in einer Großoffensive seit Juli 1998 Nordafghanistan von Westen her zu erobern. Am 12. August zogen sie erneut in Mazar-i Scharif ein. Die Taliban rächten sich für die Ermordung ihrer Glaubensbrüder im Jahr zuvor, indem sie gezielt schiitische Hazaras – Männer, Frauen und Kinder – ermordeten oder aus der Stadt vertrieben. Zwischen 5000 und 10 000 Hazaras sollen dem Wüten der Taliban zum Opfer gefallen sein. Die Ermordung von acht iranischen Diplomaten bei der Einnahme der Stadt verstärkte die Spannungen zwischen Iran und den Taliban. Iran zog an der Grenze 70 000 Soldaten zusammen und drohte mit einer militärischen Intervention. Doch folgten diesem Säbelrasseln nur Scharmützel, da Iran kein direktes Eingreifen in den Afghanistankonflikt anstrebte.

In den folgenden Wochen weiteten die Taliban ihre Macht über ganz Nordafghanistan aus und nahmen Mitte September Zentralafghanistan ein. Im Ergebnis war es ihnen im Sommer 1998 gelungen, *jombesch-i melli* und *hezb-i wahdat* aufzureiben. Abgesehen von vereinzelten Widerstandsnestern war allein Mas'ud, der mit Badakhschan und dem Panjschirtal zehn Prozent der Landesfläche kontrollierte, als ernstzunehmender Gegner übrig geblieben. Seit Juli 1999 schickten sich die Taliban an, diese letzten Bastionen einzunehmen. Bei dieser Offensive betrieben sie systematisch eine Politik der «verbrannten Erde» und der «ethnischen Säuberung». Im September 2000 eroberten sie noch Taluqan in Nordafghanistan, wodurch der Nordallianz eine wichtige Nachschublinie genommen wurde. Jedoch waren die Kampffronten von nun an so stabil, dass es weder den Taliban noch Mas'ud möglich war, irgendwelche militärischen Erfolge zu erzielen. Zwei Tage vor dem 11. September 2001 kam Mas'ud bei einem Attentat durch algerische Islamisten ums Leben, die wohl im Auftrag Osama bin Ladens handelten. Jedoch sollten die sich überstürzenden Ereignisse seit dem 11. September zu solch grundlegenden Veränderungen in Afghanistan führen, dass durch diesen Mord die Position der Nordallianz nicht sonderlich geschwächt wurde.

Versuche auf internationaler Ebene, eine Annäherung zwischen den Taliban und der Nordallianz zu erreichen, scheiterten. Zunächst leitete von Juli 1996 bis Oktober 1997 der glücklose deutsche Diplomat Norbert Holl die *United Nations Special Mission to Afghanistan* (UNSMA). Im Februar 1997 ernannte der neue UN-Generalsekretär Kofi Annan – auf Betreiben der USA – den Algerier Lakhdar Brahimi zum UN-Sondergesandten für die Friedensverhandlungen. Angesichts der starken ausländischen Einflussnahme in Afghanistan setzte Brahimi weniger auf Verhandlungen mit den Kriegsparteien als mit den Staaten, die diese unterstützten. In «6+2-Gesprächen» brachte er die Anrainerstaaten (Pakistan, Iran, Usbekistan, Tadschikistan, Turkmenistan, China) sowie die USA und Russland an den Verhandlungstisch. Die Durchsetzung eines Waffenembargos scheiterte am hartnäckigen Festhalten Pakistans an den Taliban. Nun waren auch die USA an einer schnellen Beilegung des Konflikts interessiert. So brachte der amerikanische UN-Vertreter Bill Richardson am 26. April 1998 die Taliban und die Nordallianz in Islamabad zum '*Ulama Commission Process* zusammen, in dem religiöse Vertreter beider Kriegsseiten über die Aufnahme politischer Verhandlungen berieten. Es festigte sich jedoch der Eindruck, dass die Taliban allein aus taktischem Kalkül an Gesprächen interessiert waren, nicht aber an einer echten Friedensfindung. Auch die Gespräche unter UN-Vermittlungen in Aschkhabad im März 1999 sowie in Jiddah im März und Mai 2000 und erneut in Aschkhabad im Frühjahr 2001 unter dem neuen UN-Sondergesandten Frenzesc Vendrell brachten keine Annäherung zwischen beiden Kriegsparteien zustande.

Anhängerschaft und Politik der Taliban

Der Kern der Taliban rekrutierte sich aus Medresen in Afghanistan und Pakistan. Die Koranschüler stammten meist aus den unteren sozialen Schichten und waren häufig Waisenkinder, so dass die Medresen die Funktion von Ersatzfamilien übernahmen. Doch fanden sich innerhalb der Taliban auch «Berufs-Mujahedin», die sich rechtzeitig auf die Seite der Sieger schlugen. Auch ehemalige *khalqis* gab es unter den Taliban, die aufgrund ihrer Qualifizierung Aufgaben in der Verwaltung und im Militär übernahmen, für die den Taliban geschultes Personal fehlte. Anfangs hoffte auch die traditionelle paschtunische Elite, die bisher aus dem afghanischen Machtpoker ausgeschlossen worden war, über die Taliban wieder in Amt und Würden zu gelangen. Prominentester Vertreter dieser Elite war ʿAbdul-Ahad Karzai, der Vater Hamed Karzais, der am 15. Juli 1999 von unbekannter Hand ermordet wurde. Diese Elite vertraute vergebens den Lippenbekenntnissen der Taliban, König Zaher Schah, der trotz seines hohen Alters immer wieder als Integrationsfigur ins Spiel gebracht wurde, zurückzubringen.

Die Taliban distanzierten sich von den Mujahedin, die durch Greueltaten an der afghanischen Bevölkerung spätestens seit 1992 ihren Ruf als «heilige Krieger» verspielt hatten. Damit kaschierten sie, dass viele Taliban in der Vergangenheit selbst Mujahedin gewesen waren. Die Eigenbezeichnung Taliban stand für ein einheitliches Handeln im Zeichen des Islam und wendete sich gegen die parteiliche Zersplitterung, der die Mujahedin erlegen waren. Die Taliban brüsteten sich zudem damit, durch die Entwaffnung der Bevölkerung und die Einführung harter Strafen für Verbrechen die öffentliche Sicherheit wiederhergestellt zu haben. Doch entsprach diese Entwaffnung eher einer Inkorporation lokaler Kampfverbände in eine übergeordnete Organisationsstruktur. Was die Taliban unter öffentlicher Sicherheit verstanden, beruhte zudem nicht auf einer rechtsstaatlichen Grundlage, sondern lag ganz im Ermessen des einzelnen *talib*. Immerhin vermochten sie es, Kriminalität und Wegelagerei drastisch einzudämmen.

Die Taliban strebten an, Afghanistan in einen «Gottesstaat» nach dem Vorbild der islamischen Frühzeit zu verwandeln. Den geeigneten Schlüssel hierfür sahen sie in der Einführung der Scharia. Die Strafen der Scharia für bestimmte Vergehen (z. B. Steinigung bei

Ehebruch) wurden rigoros angewandt. Verbote von Rasieren, Tanzen, Musikhören, Fotoportraits, Fernsehern und Papiersäcken (weil sie aus Altpapier hergestellt wurden, auf dem ein religiöser Text gestanden haben könnte) entsprachen eigenwilligen Interpretationen der religiösen Schriften. Leidtragende dieser Politk waren vor allem die Frauen als schwächstes Glied der Gesellschaft: Hatte die *jam'iat-i islami* die Verschleierungspflicht eingeführt, so verbannten die Taliban die Frauen völlig aus dem öffentlichen Leben durch die Pflicht des Ganzkörperschleiers *(burqa)*, das Arbeitsverbot für Frauen und die Schließung von Mädchenschulen. Jedoch war die Sittenstrenge und Frauenpolitik der Taliban weniger von den Moralvorstellungen der Scharia als vom Ehrbegriff des *paschtunwali* geleitet. Die Verdrängung der Frau aus dem öffentlichen Leben, die Steinigung von «befleckten» Frauen und die Aufnahme der Blutrache in ihr Rechtssystem entsprachen Ehr- und Rechtsvorstellungen des *paschtunwali*, die einer strengen Auslegung der Scharia sogar widersprachen. Ein anderes Beispiel für die Bindung der Taliban an stammesgesellschaftliche Wertvorstellungen ist die Diskussion um die Auslieferung Osama bin Ladens. Das Hauptargument gegen seine Auslieferung war, dass dieser bei den Taliban Gastfreundschaft, einen Grundwert des *paschtunwali*, genieße. Unter den Taliban stieg damit der «Islam paschtunischer Prägung», der gerade für die Flüchtlingslager typisch war, zu einer dominierenden Vorstellung auf. Besonders Mullah ʿOmar, der Führer der Taliban, symbolisierte diese Vermischung der ethnischen und der religiösen Sphäre. Zum einen war Mullah ʿOmar ein Hotak Ghilzai, weshalb er aufgrund gleicher Stammeszugehörigkeit zu Mir Wais, dem Gründer des ersten paschtunischen Reichs, in verwandtschaftliche Nähe gerückt wurde. Auch bezeichnete sich Mullah ʿOmar in Anlehnung an den zweiten Kalifen, der Anfang des 8. Jahrhunderts lebte, als «zweiter ʿOmar» und nahm den Titel *amir al-mumenin* (Herrscher der Gläubigen) an. Durch solche Zusätze unterstrichen die Taliban ihre Vision, an das letzte rechtmäßige islamische Reich anzuknüpfen und einen «Gottesstaat» zu errichten. Schließlich soll Mullah ʿOmar als *mujahed* im Krieg ein Auge verloren haben. Aufgrund dieses Handicaps wies er sich gegenüber allen anderen Führern als Persönlichkeit aus, die wirklich gekämpft und nicht an einem sicheren Ort ausgeharrt hatte.

Während die ländlichen, paschtunischen Gebiete von den Anordnungen der Taliban weitgehend verschont blieben, wurden besonders in Herat und Kabul die Sitten streng überwacht. Ein Grund hierfür dürfte der sprachliche und ethnische Gegensatz zwischen den paschtusprachigen Taliban und der persischsprachigen, überwiegend tadschikischen Bevölkerung dieser Städte gewesen sein. Doch waren die Repressionen der Taliban auch Ausdruck der tief verwurzelten Diskrepanz zwischen Stadt und Land. Das harte Auftreten der Taliban in Kabul resultierte aus ihrer Aversion gegenüber der städtischen Bevölkerung wie aus ihrer Unsicherheit gegenüber dem urbanen Milieu, in dem ihre ländlichen, in der paschtunischen Gesellschaftsordnung verankerten Werte nicht mehr griffen. Kabul galt zudem als Hort des Kommunismus, was seinen negativen Ruf noch potenzierte. Die Stellung der Frau in der urbanen Gesellschaft war für die Taliban ohnehin unbegreiflich und mußte zur Zielscheibe ihrer Politik werden.

In wirtschaftlicher Hinsicht entwickelte sich unter den Taliban eine Schattenökonomie, deren Ansätze bis in die achtziger Jahre zurückreichten, nun aber erst voll zur Geltung kamen. Ende der neunziger Jahre stieg Afghanistan zum Drehkreuz eines intensiven Schmuggels zwischen der Freihandelszone Dubai, Iran, den GUS-Staaten und Pakistan auf. Die Produktpalette reichte von Erdöl aus Iran über High-Tech-Produkte, die aus Dubai eingeflogen wurden, bis hin zu Waffen und Autoteilen aus den GUS-Staaten und gestohlenen Autos aus Pakistan. Die Taliban sollen jährlich 2,1 Milliarden US-Dollar mit diesen Schmuggelgeschäften verdient haben. Afghanistan stieg darüber hinaus mit einem Marktanteil von 75 Prozent zum weltweit größten Heroinproduzenten auf. Ganze Regionen im Süden und Südosten Afghanistan lebten vom Drogenanbau. Die Taliban profitierten vom Opiumgeschäft mit einer Gewinnbeteiligung von 20 Prozent. Überraschend schränkten sie im Sommer 2001 den Anbau von Mohn im Gegenzug zu Zusagen von UN-Hilfsprogrammen fast völlig ein. Jedoch ist fraglich, ob es sich hierbei um eine völlige Absage an den Drogenanbau handelte oder um ein kurzfristiges Aussetzen, um den Marktpreis zu regulieren.

Das Fehlen staatlicher Strukturen sowie die radikalen Gesellschaftsvorstellungen der Taliban waren die Voraussetzungen dafür, dass sich Afghanistan zur Drehscheibe eines globalisierten, locker miteinander verwobenen Netzwerks militanter Islamisten entwickelte, das sich von Marokko bis zu den Philippinen erstreckte. Die internationalen Islamisten brachten Geld ins Land und unterstützten die Taliban im Kampf gegen die Nordallianz. Im Gegenzug boten die Taliban Ausbildungscamps in einem Land, das sich den Anliegen der internationalen Staatengemeinschaft nicht verpflichtet fühlte und somit für die Islamisten einen «sicheren Hafen» darstellte. Jedoch kämpften militante Muslime aus aller Welt bereits vor Auftreten der Taliban in Afghanistan gegen die Kommunisten. Diese «Afghanistan-Veteranen» wurden auf 10 000 bis 40 000 Mann beziffert. Sie kämpften seit Beginn der 90er Jahre in Krisenherden wie Algerien und Tadschikistan, auf dem Balkan und im Kaukasus. Unter den Taliban festigten die militanten Islamisten ihre politischen Strukturen, was in die Entstehung des Terrornetzwerks al-Qaida mündete. 1998 führten die Anschläge auf die US-Botschaften in Dar-es-Salam und Nairobi der Weltöffentlichkeit schlagartig die Bedeutung der Taliban als Asylgeber für radikal-islamische Kräfte aus aller Welt und die Schlüssellage Afghanistans als Drehscheibe für islamische Unruhestifter vor Augen. Die USA erkannten in Osama bin Laden den Drahtzieher der Anschläge und flogen zur Vergeltung am 20. August 1998 Raketenangriffe auf islamistische Ausbildungslager in Ostafghanistan. Ein weiteres Indiz für die Tolerierung islamistischer Extremisten war, dass die Taliban im Dezember 1999 den Entführern einer indischen Linienmaschine aus Katmandu, die in Kandahar landete, die Flucht ermöglichten. Der radikale Islamismus der Taliban war auch dafür verantwortlich, dass sich ihre Beziehungen zu den UN wie zu anderen internationalen Organisationen zunehmend verschlechterten. Die Forderung der Taliban nach dem UN-Sitz, den nach wie vor die Nordallianz innehatte, lehnten die UN ab. Auf Seiten der Europäischen Union und der UN führten zudem der Eklat um die vorübergehende Festnahme der europäischen Frauenbeauftragten Emma Bonino bei ihrem Besuch in Kabul am 29. September 1997 sowie die Handgreiflichkeiten des Gouverneurs von Kandahar gegen einen UN-Angestellten im März 1998 zu deutlichen Mißstimmungen gegenüber den Taliban. Als die Taliban schließlich im Juni 1998 alle Hilfsorganisationen in Kabul auf dem Campus des Polytechnikums konzentrieren wollten, zogen diese ihre Mitarbeiter aus Kabul ab und strich die EU die Hilfsgelder für Afghanistan. Seit den Bombenattentaten von Nairobi und Dar-es-Salam wuchs zudem der Druck auf die

Taliban, Osama bin Laden auszuliefern. Die US-Administration beschloss am 7. Juli 1999 unilaterale Sanktionen gegen die Taliban. Am 15. Oktober 1999 folgte eine UN-Resolution, die die Auslieferung bin Ladens forderte. Schließlich beschloss die UN am 19. Dezember 2000 Sanktionen gegen die Taliban, die das Regime isolierten. Die Antworten der Taliban, auf die der Einfluss der Araber um Osama bin Ladin enorm gewachsen war, zeugten nicht allein davon, dass das Regime nun endgültig mit der internationalen Gemeinschaft gebrochen hatte, sondern waren Vorboten der Attentate vom 11. September: Am 10. März 2001 zerstörten die Bilderstürmer der Taliban das Weltkulturerbe der Statuen von Bamyan. Am 21. Mai befahl ein Dekret, dass alle Hindus gelbe Kleider tragen müssten, um leichter identifizierbar zu sein. Schließlich erfolgte am 5. August die Verhaftung von Mitarbeitern der Hilfsorganisation *Shelter Now* mit dem Vorwurf der christlichen Missionierung. Diesen gelang erst Ende November die Flucht, nachdem das Taliban-Regime bereits zusammengebrochen war.

13. Der 11. September und die Folgen für Afghanistan

(seit 2001)

Die Anschläge vom 11. September auf das World Trade Center und das Pentagon katapultierten Afghanistan erneut ins Zentrum der Weltpolitik. Als Drahtzieher der Anschläge identifizierten die USA umgehend Osama bin Laden und das islamistische Netzwerk al-Qaida. In einem atemberaubenden Tempo überschlugen sich die Ereignisse: Am 20. September forderten die USA die Auslieferung Osama bin Ladens von den Taliban. Diese reagierten mit einer Schaukel- und Verzögerungspolitik. Währenddessen bauten die USA mit der *Coalition against Terrorism* ein Bündnis auf, das nicht allein die NATO-Mitglieder und Russland umfasste, sondern auch den Taliban nahestehende Länder wie Saudi-Arabien und Pakistan. Am 7. Oktober begann die US-Luftwaffe im Rahmen der *Operation Enduring Freedom*, Stellungen der Taliban zu bombardieren. Gleichzeitig versuchte die Nordallianz, mit logistischer Unterstützung der USA und Großbritanniens von Norden her die Kampflinien der Taliban zu durchbrechen. Anfang November brach der Widerstand der Taliban binnen weniger Tage zusammen: Am 8. November nahm die Nordallianz Mazar-i Scharif ein. Keine fünf Tage später, in der Nacht vom 12. auf den 13. November, zogen sich die Taliban aus Kabul zurück und überließen die Stadt der Nordallianz, deren Ankunft die Bevölkerung frenetisch feierte. Die Taliban übergaben Kunduz, ihre letzte Hochburg in Nordafghanistan, am 25. November kampflos der Nordallianz. Tausende Taliban, denen man freies Geleit nach Südafghanistan versprochen hatte, kamen nach der Einnahme der Stadt unter ungeklärten Umständen ums Leben. Paschtunische Zivilisten gerieten nun unter den Generalverdacht, mit den Taliban zu sympathisieren. Über 20 000 Paschtunen sollen in den folgenden Wochen aus Nord- und Westafghanistan vertrieben worden sein. Am 8. Dezember 2001 verloren die Taliban mit Kandahar ihre letzte wichtige Bastion und zogen sich in die paschtunischen Stammesgebiete in der unzugänglichen Grenzregion zu Pakistan und im südlichen Zentralafghanistan zurück.

Der Petersberger Prozess (2001–2005)

Mit dem Fall der Taliban kam die Diplomatie in Fahrt. Es galt, ein Machtvakuum in Kabul zu verhindern. Lakhdar Brahimi, den die Vereinten Nationen erneut zum Sonderbotschafter für Afghanistan ernannt hatten, rief verschiedene politische Gruppierungen zu Verhandlungen auf dem Petersberg bei Bonn (27. November bis 5. Dezember 2001) zusammen: Neben der Nordallianz war vor allem die Rom-Gruppe einflussreich, die das erweiterte Klientel um König Zaher Schah umfasste. Die Zypern-Gruppe sollte die Interessen Irans und die Peshawar-Gruppe die Interessen Pakistans vertreten. Der Zusammenhalt aller Gruppierungen basierte jedoch weniger auf gemeinsamen politischen Vorstellungen als auf verwandtschaftlicher Nähe und temporären Loyalitätsverpflichtungen. Nach zähen Verhandlungen und unter massivem Druck der Vereinten Nationen und der USA einigten sich die vier Gruppierungen auf einen Zeitplan für den politischen Wiederaufbau sowie auf eine Übergangsregierung. Als Übergangspräsident wurde Hamed Karzai, Sohn des

---

Die politischen Gruppierungen der Petersberger Konferenz

Die *Nordallianz* unter Führung Yunus Qanunis stellte ein fragiles Bündnis einstiger Mujahidin-Parteien und Warlords dar, die seit dem Fall der Taliban in Afghanistan wieder die Macht in den Händen hielten. Die *Rom-Gruppe,* angeführt von dem wenig charismatischen (Abdul Sattar Sirat, entsprach der erweiterten Klientel um König Zaher Schah. Die *Zypern-Gruppe*, angeführt von Hekmatyars Schwiegersohn Homayun Jarir, stand Iran nahe und stellte einen lockeren Verbund von Politikern unterschiedlicher Couleur dar, die sich in der Vergangenheit sporadisch auf Zypern getroffen hatten. Die *Peschawar-Gruppe* war erst im November 2001 gegründet worden und war mit der Klientel Pir Gilanis, der bereits in den 1980er Jahren die Mujahidin-Partei *mahaz-i melli* angeführt hatte, identisch. Sie sollte Pakistans Interessen vertreten.

Der Zusammenhalt der jeweiligen Gruppierungen basierte somit weniger auf gemeinsamen politischen Vorstellungen als auf verwandtschaftlicher Nähe und temporären Loyalitätsverpflichtungen. Sogar

> die Übergänge zwischen den Gruppierungen waren fließend: Die Wortführer von Nordallianz und Rom-Gruppe, Yunus Qanuni und (Abdul Sattar Sirat, waren miteinander verschwägert, während andere Führungspersönlichkeiten in den letzten Jahren gleich mehreren Gruppierungen angehört hatten. So auch Hamed Karzai, der 1992 stellvertretender Außenminister unter Rabbani war, 1994 die Taliban unterstützt hatte und seit 1996 der Rom-Gruppe angehörte.

1999 ermordeten Politikers 'Abdul-Ahad Karzai, auserkoren. Hamed Karzai gehört zur Aristokratie des einflussreichen paschtunischen Stamms der Popalzai. Bereits 1992 war er stellvertretender Außenminister unter Rabbani gewesen, hatte 1994 die Taliban unterstützt und anschließend die US-Firma UNOCAL im afghanischen Pipelineprojekt beraten. Seit 1996 gehörte er der Rom-Gruppe an. Zur Zeit der Verhandlungen auf dem Petersberg befand sich Hamed Karzai in Südafghanistan im Kampf gegen die Taliban.

Am 22. Dezember nahm die neue Regierung ihre Arbeit in Kabul auf. Um den Schutz der Übergangsregierung zu gewährleisten und ein sicheres Umfeld für den Wiederaufbau zu schaffen, wurde in Kabul die *International Security Assistance Force* (ISAF) installiert. Diese war mit UN-Mandat ausgestattet und umfasste zunächst 5000 Mann, darunter 2000 deutsche Soldaten. In den Folgejahren wurde ISAF nicht nur personell stark aufgestockt, sondern über die Einrichtung von *Provincial Reconstruction Teams* (PRTs) auch landesweit ausgedehnt. Neben ISAF existierte weiterhin *Operation Enduring Freedom*, in der das Gros der US-Armee eingebunden war und die das Ziel verfolgte, die Taliban und *al-Qaida* zu vernichten. Mit dem Beginn des Irakfeldzugs waren seit Frühjahr 2003 die US-Truppen im Irak gebunden. Daher übernahm die NATO im Sommer 2003 die ISAF-Führung. Die Militäreinheiten von *Operation Enduring Freedom* wurden größtenteils in ISAF eingegliedert. Seit Sommer 2006 stand das Gros der internationalen Truppen unter ISAF-Mandat. Insgesamt belief sich die Stärke der internationalen Truppen in den ersten fünf Jahren nach dem Petersberger Friedensabkommen auf 30 000 bis 40 000 Mann. Sukzessive übernahm die Bundeswehr die PRTs in Kunduz im November 2003 und in Faizabad im September 2004 und zog dafür ihre Truppen aus Kabul ab.

Zwischen 2002 und 2005 konnten die Eckpfeiler des Petersberger

Abkommens – wenn auch mit zeitlicher Verzögerung – umgesetzt werden. So bestätigte eine *Emergency Loya Jirga* im Juni 2002 Hamed Karzai als Präsidenten der Übergangsregierung. Hinter den Kulissen hatte der damalige US-Sondergesandte für Afghanistan, Zalmay Khalilzad, den ehemaligen Präsidenten Borhanud-Din Rabbani und den ehemaligen König Zaher Schah (gest. 23.7.2007) erfolgreich dazu gedrängt, ihre Ambitionen auf ein staatstragendes Amt aufzugeben. Am 4. Januar 2004 verabschiedete eine *Constitutional Loya Jirga* die neue Verfassung Afghanistans. Die Verfassung versuchte, die Vorstellungen der einflussreichen Gruppierungen, v. a. der *mujahidin*, zu befriedigen, aber auch internationalen Standards gerecht zu werden: So wurde Afghanistan zu einer Islamischen Republik, in der alle Verfassungsinhalte in Einklang mit dem Islam stehen müssen (Art. 3). Gleichzeitig legt die Verfassung demokratische Prinzipien als Grundlage der politischen Ordnung und die Gleichstellung von Mann und Frau (Art. 22) fest. Hamed Karzai verkündete die Verabschiedung der neuen Verfassung, ohne dass über diese auf der *Constitutional Loya Jirga* abgestimmt wurde.

In den beiden folgenden Jahren fanden Präsidentschafts- und Parlamentswahlen statt. Bei den Präsidentschaftswahlen am 9. Oktober 2004 setzte sich Hamed Karzai mit 55,45 % gegen seine Konkurrenten Yunus Qanuni (16,3 %), Mohammad Mohaqeq (11,6 %) und Raschid Dostum (10,0 %) durch. Letztere erlangten die Mehrheit der Stimmen besonders in den Provinzen, in denen Tadschiken, Usbeken bzw. Hazaras die Mehrheit stellten, was die ethnische Fragmentierung des Landes wieder einmal verdeutlichte. Die Wahlbeteiligung war mit acht Millionen sehr hoch. Die Parlamentswahlen, die am 18. September 2005 abgehalten wurden, fanden dagegen bei der Bevölkerung nur wenig Anklang. Die Wahlbeteiligung lag unter 50 %. Der Enthusiasmus über die Einführung demokratischer Prinzipien war schnell der Ernüchterung gewichen. So konnten beide Wahlen kaum als fair und frei bezeichnet werden, da Gewaltandrohungen die Regel und Wahlfälschungen weit verbreitet waren.

Mit den Parlamentswahlen war der Petersberger Prozess abgeschlossen. Wenn dies auch auf dem Papier als Erfolg gewertet werden kann, vermochte der Petersberger Prozess nicht, das Land zu stabilisieren oder gar zu befrieden. Daher einigte sich die internationale Gemeinschaft am 31. Januar 2006 in London im *Afghanistan Compact* auf die Fortführung ihres Engagements in Afghanistan.

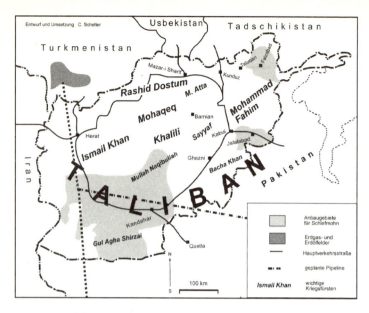

Konfliktpotential in Afghanistan (Anfang 21. Jahrhundert)

Der Sturz der Taliban hatte also nicht das Ende des Afghanistankriegs eingeläutet, sondern nur eine neue Runde der Konfliktaustragung: Die starken Einzelinteressen unzähliger Machthaber, eine blühende Drogenökonomie sowie verbreitete Korruption und Patronage behinderten den Wiederaufbau. Afghanistan avancierte zum Schlachtfeld eines neuen Krieges – diesmal unter Beteiligung der USA und der NATO.

Der Bürgermeister von Kabul

Obgleich Hamed Karzai als Regierungsoberhaupt bestätigt wurde, blieb er zunächst ein schwacher Präsident. Den Spielraum der Regierung schränkte ein, dass ihr nur ein geringes Budget ausländischer Gelder zustand, sie aber auch nicht über die Mittel verfügte, Zölle oder Steuern einzutreiben. Zudem waren die Trägerstrukturen innerhalb der Ministerien und staatlichen Verwaltungen schwach ausgebildet. Das niedrige Niveau der Gehälter bedingte ein permanentes Abwandern qualifizierter Kräfte zu besser zahlenden internationalen Organisationen.

Eine weitere Ursache für die Schwäche des Staats war, dass Kriegsfürsten wie Raschid Dostum und Isma'il Khan, die einst von den Taliban aus dem Land gejagt worden waren, mit deren Vertreibung wieder das Land unter sich aufgeteilt hatten. Der Aktionsradius der Übergangsregierung reichte daher kaum über die Stadtgrenze Kabuls hinaus. Allein die Präsenz von ISAF sorgte dafür, dass Kabul nicht erneut Schauplatz gewaltsamer Kämpfe zwischen rivalisierenden Kriegsfürsten wurde. Außerhalb Kabuls herrschte das Gesetz des Stärkeren: Überfälle, Enteignungen und willkürliche Gewaltanwendung durch Machthaber, Milizen und marodierende Banden waren an der Tagesordnung, so dass in fast allen Provinzen immer wieder Kämpfe aufflackerten.

Obgleich Hamed Karzai das Problem des Kriegsfürstentums nicht aus der Welt schaffen konnte, gelangen ihm kurzzeitige Achtungserfolge. So ließ er die Gouverneure, unter denen der Anteil der Kriegsfürsten besonders hoch war, von Provinz zu Provinz rotieren, um eine Verfestigung ihrer Macht zu verhindern. Als der mächtige Kriegsfürst Isma'il Khan durch Kämpfe mit konkurrierenden Kommandeuren geschwächt war, setzte Hamed Karzai diesen im September 2004 als Gouverneur von Herat ab und beorderte ihn als Minister für Energie nach Kabul. Jedoch widersetzten sich in den folgenden Jahren immer häufiger die lokalen Amtsträger den Rotationswünschen Hamed Karzais. Dies führte seine Machtlosigkeit gegenüber den Kriegsfürsten vor Augen.

Die Regierung stellte zudem keinen Gegenpol zu den partikularen Kräften im Land dar. Kriegsfürsten wie Mohammad Fahim oder Raschid Dostum und Islamisten wie Rasul Sayyaf und Borhanud-Din Rabbani, die sich als Sprachrohr der *Mujahedin* profilierten, übten großen Einfluss auf die Regierungspolitik aus. Die Hauptkonfliktlinie innerhalb der Regierung verlief anfangs zwischen den Panjschiris – Tadschiken aus dem nördlich von Kabul gelegenen Panjschirtal – und den Exilafghanen. Zunächst waren die Panjschiris, bei denen es sich um die Gefolgsleute des am 9. September 2001 ermordeten Ahmad Schah Mas'ud handelte, die beherrschende Gruppierung in der Regierung. Die Panjschiris kontrollierten Schlüsselministerien wie das Verteidigungs- und das Außenministerium und besetzten sämtliche Sicherheitsorgane mit ihren Leuten.

Seit den Präsidentschaftswahlen gewannen zeitweise im westlichen Ausland ausgebildete Exilafghanen in der Regierung an Einfluss; sie übernahmen wichtige Schlüsselfunktionen und positionierten sich als verlässliche Ansprechpartner der internationalen Gemeinschaft. Einige Minister stammten auch aus Deutschland: So Amin Farhang, der zwischen 2001 und 2008 als Minister für Wiederaufbau sowie als Wirtschafts- und Handelsminister tätig war, 'Azam Dadfar, 2004 bis 2009 zunächst Minister für Flüchtlingsangelegenheiten und dann Hochschul- und Erziehungsminister, und Rangin Dadfar Spanta, der von 2006 bis 2009 als Außenminister amtierte. Jedoch schränkte den Spielraum der Exilafghanen stark ein, dass sie über keine Hausmacht im Land verfügten und die Bevölkerung sie als »Ausländer« betrachtete. So genoss Hamed Karzai, der viele Jahre in den USA gelebt hatte, nur geringen Rückhalt unter der paschtunischen Führungselite. Viele Afghanen warfen ihm vor, allein die Interessen der USA zu vertreten.

Insgesamt war Hamed Karzai bemüht, das Kabinett ethnisch und regional auszutarieren. Zudem band er immer wieder Islamisten und Kriegsfürsten ein. Diese außerordentliche Heterogenität des Kabinetts führte häufig zu Konflikten. Nach einigen Regierungskrisen kam es etwa im Vorfeld der Präsidentschaftswahlen im Sommer 2004 zum Eklat: Als Yunus Qanuni, Erziehungsminister und Rädelsführer der Panjschiris, seine Präsidentschaftskandidatur bekannt gab, nahm Hamed Karzai dies zum Anlass, um die Panjschiris aus seinem Kabinett zu entlassen. Seitdem führt Qanuni im afghanischen Parlament die Opposition gegen Karzai an.

Die Rückkehr der Taliban

Bereits der Rückzug der Taliban und der al-Qaida offenbarte, dass diese mit konventionellen militärischen Mitteln kaum zu schlagen sind: Die Bombardierung von Tora Bora im Dezember 2001 sowie ein halbes Dutzend weiterer Militäroperationen der US-Streitkräfte zeitigten kaum Erfolg. Auch gelang es nicht, ihrer Führer wie Osama bin Laden oder Mullah 'Omar habhaft zu werden. Im Gegenzug brachten die Taliban über gezielte Anschläge und zunehmend auch Selbstmordattentate zunächst in Süd- und Südostafghanistan und seit 2007 auch in anderen Landesteilen den Wiederaufbau ins Stocken. Seit 2005 waren die Taliban in der Lage, die ISAF ein ums andere Mal militärisch herauszufordern: Im Sommer 2006 umzingelten einige Tausend Kämpfer der Taliban Kandahar und schnitten die Stadt kurzfristig von Kabul ab. Seit Herbst 2006 mussten sich NATO-Einheiten immer häufiger aus Distrikten zurückziehen, in denen die Taliban die Oberhand gewinnen. Im Juni 2008 befreiten die Taliban über 350 Insassen aus einem Gefängnis bei Kandahar. Zudem vermochten es die Taliban, zunehmend auch Nordafghanistan (v. a. Baghlan, Kunduz) zu destabilisieren. So starben in Nordafghanistan in den vergangenen Jahren allein elf Bundeswehrsoldaten in Gefechten mit Aufständischen.

Der ISAF-Einsatz wurde immer stärker zur Zerreißprobe für die NATO: Während die einen NATO-Kontingente unter hohen Verlusten in Südafghanistan kämpfen, sorgen die anderen im Rest des Landes in einem vergleichsweise sicheren Umfeld für Stabilität. So nahmen die Forderungen der USA, Englands, der Niederlande und Kanadas, die die Hauptlast im Kampf gegen die Taliban trugen, gegenüber Deutschland und anderen Bündnispartnern vehement zu, sich stärker militärisch zu engagieren. Nahezu jedes Jahr übernahm die Bundeswehr daher zusätzliche Aufgaben: 2006 hat die Bundeswehr die Zuständigkeit für ganz Nordafghanistan mit der zentralen Basis bei Mazar-i Sharif übernommen. 2007 sagte die Bundesregierung auf Anfrage der NATO die Entsendung von Tornados zu; seit Juni 2008 stellt die Bundeswehr die schnelle Einsatztruppe für Nordafghanistan, die konkret für Kampfeinsätze vorgesehen ist. Mit diesen zusätzlichen Aufgaben ging nahezu jährlich eine Truppenaufstockung einher: von anfangs 1200 bis auf 5350 im Jahr 2010.

Die Taliban avancierten zum Sammelbecken derjenigen Kräfte, die mit der herrschenden Situation unzufrieden waren. So schloss sich Golbud-Din Hekmatyar, der im Frühjahr 2002 aus Iran nach Afghanistan zurückgekehrt war, den Taliban an, um die afghanische Regierung und die »ausländischen Kreuzritter« zu bekämpfen. Auch das Haqqani-Netzwerk um den angesehenen *mujahid* Jalalud-Din Haqqani wird den Aufständischen zugerechnet. Die Bekämpfung der Taliban wurde durch ihre höchst flexible Organisationsstruktur erschwert: So existieren auf der einen Seite parastaatliche, hierarchische Kommandostrukturen, die aus Pakistan heraus gelenkt werden; auf der anderen Seite fächern sich die Taliban auf der operativen Ebene in eine unübersichtliche und vielschichtige Anzahl lokaler Fronten auf, die wechselnde Allianzen eingehen und unter denen sich religiöse Eiferer ebenso wie Stammeskrieger, Drogenhändler und Söldner befinden. *Talib* zu sein avancierte zudem zu einer Art *life style*, der sich gegen jegliche Einmischung von außen richtete: sei es durch militärische Präsenz, durch die Vernichtung von Schlafmohnfeldern oder durch die Einrichtung von Mädchenschulen. Wenngleich die Anschläge der Taliban viele zivile Todesopfer forderten, geriet vor allem ISAF in das Fadenkreuz der afghanischen Öffentlichkeit, wenn Zivilisten zu Schaden kamen. Als trauriger Höhepunkt gilt die *Kunduz-Affäre*: So befahl der deutsche Kommandeur von Kundus, Oberst Georg Klein, die Bombardierung zweier von den Taliban entführter Tankwagen, bei der am 4. September 2009 bis zu 142 Zivilisten starben.

Mit der Intensivierung des Krieges gewann auch die von Afghanistan bis heute nicht anerkannte *Durand Line* wieder an Aufmerksamkeit. So nutzten die Taliban das unwegsame Terrain im Grenzgebiet zu Pakistan, um sich den Antiterroroperationen immer wieder zu entziehen, sich neu zu sammeln und Gegenangriffe zu planen. Vor allem der pakistanische Geheimdienst ISI galt als operatives Rückgrat der Taliban. Diese Situation verschlechterte die ohnehin äußerst problematischen afghanisch-pakistanischen Beziehungen. So kam es seit Sommer 2003 zu verbalen Schuldzuschreibungen zwischen Kabul und Islamabad und zu Scharmützeln an der Grenze. Jedoch entglitten die Taliban selbst immer stärker ihren Verbündeten im pakistanischen Sicherheitsapparat. So gewann der pakistanische Zweig der Taliban – die Tehrik-e Taliban Pakistan – in den pakistanischen Stammesgebieten zunehmend an Boden und verstärkte durch unzählige Attentate, Bombenanschläge und Kampfhandlungen, denen Tausende Menschen zum Opfer fielen, die Destabilisierung Pakistans. Die Taliban waren damit nicht mehr nur ein nationales Problem Afghanistans, sondern ein transnationales. Im Gegenzug weiteten die USA ihr militärisches Engagement nach Pakistan aus – etwa über den Einsatz unbemannter Drohnen, um Taliban-Führer in den pakistanischen Stammesgebieten zu exekutieren.

Der Wiederaufbau Afghanistans

Neben den Auseinandersetzungen mit den Kriegsfürsten und Taliban umfasste die Intervention auch eine zivile Seite. So setzte gleich nach dem Sturz der Taliban der Wiederaufbau Afghanistans ein. Die internationale Gemeinschaft sagte auf Geberkonferenzen in Tokio (2002), Berlin (2004), London (2006, 2010) und Kabul (2010) Milliardenbeträge für den Wiederaufbau zu. Um den Wiederaufbau umzusetzen, strömten weit über eintausend Hilfs- und Entwicklungsorganisationen nach Afghanistan, wo sie sich vor allem in Kabul konzentrierten. Mit den internationalen Organisationen zog in Kabul ein westlicher Lebensstil ein, der einmal mehr die Kluft zwischen der Hauptstadt und dem übrigen Land verstärkte. Schnell zeigte sich zudem, dass sich die Einzelinteressen der internationalen Organisationen, Geberländer und Nichtregierungsorganisationen weder in ein Gesamtkonzept integrieren ließen noch deren Koordination möglich war. Zudem offenbarte sich bald, dass afghanische Trägerstrukturen für den Wiederaufbau fehlten. In einer ähnlichen Weise wie der Staat war auch eine Zivilgesellschaft kaum vorhanden. So fehlten vielen afghanischen Nichtregierungsorganisationen, die wie Pilze aus dem Boden schossen, das grundlegende Entwicklungsverständnis und die notwendigen Kapazitäten.

Obgleich eine Fülle guter und auch sichtbarer Projekte durchgeführt wurde, zeigten sich viele Afghanen über den Wiederaufbau enttäuscht. So verstanden diese unter Wiederaufbau in erster Linie Nothilfe und den Aufbau einer physischen Infrastruktur; dagegen sah die internationale Gemeinschaft als Ziel des Wiederaufbaus die Modernisierung gesellschaftlicher Institutionen, was sich in der Einführung von Prinzipien wie Partizipation, Geschlechtergleichstellung und guter Regierungsführung niederschlagen sollte. Dies löste bei großen Teilen der Bevölkerung nicht nur Frustration über unerfüllte Erwartungen aus, sondern führte auch zu einer Abwehrhaltung. So befürchteten viele Afghanen mit einem Mal die Beseitigung kultureller, vor allem islamischer Traditionen und die Unterwanderung lokaler Macht- und Entscheidungsstrukturen. Der Unmut über die ausländische Präsenz und den schleppenden Wiederaufbau entlud sich am 29. Mai 2006: Nachdem ein US-Militärfahrzeug in Kabul einen Unfall verursacht hatte, kam es zu gewaltsamen Protesten, bei denen die Gebäude mehrerer Entwicklungsorganisationen niedergebrannt wurden.

Auch konnten sich die Gelder, die für den Wiederaufbau zur Verfügung gestellt wurden, kaum mit den Gewinnen messen, die mit illegalen Geschäften, v. a. im Drogenanbau und -handel, verdient werden konnten. 2007 wurden in Afghanistan weit über 90% des weltweiten Opiums produziert. Nahezu 10% der afghanischen Bevölkerung sind direkt in das Drogengeschäft involviert. Da einfache Bauern mit dem Anbau von Opium das Vielfache von dem verdienen, was sie durch Getreide einnehmen können, stellt dies in einem der ärmsten Länder der Welt die einzige Möglichkeit der Existenzsicherung dar. Zudem durchzieht die Drogenökonomie längst die gesamte Gesellschaft, so dass auch Gouverneure, Polizeichefs und Minister am Drogengeschäft beteiligt sind. Die internationale Gemeinschaft forcierte seit 2004 ihren Kampf gegen den Drogenanbau, der von der gewaltsamen Vernichtung von Opiumfeldern über finanzielle Kompensationen bis hin zur Erschließung alternativer Einkommensquellen reicht. Auch wenn seit den letzten zwei Jahren ein leichter Rückgang der Opiumproduktion festzustellen ist, gleicht dieses Unterfangen einem Kampf gegen Windmühlen.

Das letzte Aufgebot (seit 2009)

Nachdem unter George Bush der Irakkrieg die US-Politik bestimmte, rückte die Wahl Barak Obamas zum Präsidenten am 4. November 2008 den Afghanistankrieg als ‹gerechten Krieg› wieder ins politische Rampenlicht. So erklärte Obama nach seinem Amtsantritt am 20. Januar 2009 den Afghanistan-Pakistan-Komplex (AFPAK) zur Chefsache und setzte hierfür den Sondergesandten Richard Holbrooke ein. Auch stockte Obama die US-amerikanischen Truppen um 30 000 weitere Soldaten auf knapp 80 000 auf; insgesamt umfasste ISAF nun 118 000 Mann – etwa so viele Soldaten, wie die Sowjets Anfang der 1980er Jahre in Afghanistan stationiert hatten. Gleichzeitig kündigte Obama allerdings im Widerspruch zur Truppenaufstockung an, ab 2011 die ersten Truppen wieder aus Afghanistan abzuziehen.

ISAF ging seit dem Winter 2009/10 weit resoluter gegen die Taliban vor. Obwohl sich viele Aufständische nach Pakistan absetzten, konnten die Taliban doch gegenhalten. So erwies es sich für ISAF als schwierig, das militärische Blatt zu wenden. Dies verdeutlichte die Großoffensive in dem südafghanischen Distrikt Marjah in der Provinz Helmand im Februar 2010. Hier inszenierte ISAF mit großem propagandistischem Aufwand die Vertreibung der Taliban und die Rückkehr der Regierung. Wenige Wochen nach der Offensive konnten die Aufständischen wieder in den Distrikt eindringen und ISAF ein um das andere Mal in Kämpfe verwickeln. Trotz eines von

ISAF angekündigten militärischen Strategiewechsels durch eine höhere afghanische Eigenverantwortung und ein behutsameres Auftreten der Soldaten nahmen die Opferzahlen sowohl unter den Zivilisten als auch unter den ISAF-Soldaten 2010 weiter zu: Bereits im September 2010 waren mit 530 gefallenen Soldaten mehr ums Leben gekommen als im ganzen Jahr 2009. Auch stieg die Zahl der zivilen Opfer an, die jährlich bei weit über 2000 lag. Schließlich prägten Angriffe gegen repräsentative Ziele in Kabul die Strategie der Aufständischen. Dies sollte die Ohnmacht der afghanischen Regierung und der NATO vor Augen führen: Am 14. Januar 2008 verübten Aufständische Anschläge auf das von westlichen Gästen frequentierte Serena-Hotel; am 27. April 2008 endete nach Granatenbeschuss die Militärparade zu Ehren des Nationalfeiertags im Chaos; Karzai entkam diesem Anschlag mit knapper Not. Am 10. Februar 2009 und am 18. Januar 2010 griffen Aufständische Ministerien mitten in Kabul an, am 28. September 2009 wurde ein Gästehaus der Vereinten Nationen und am 26. Februar 2010 verschiedene Hotels, in denen Ausländer lebten, zur Zielscheibe von Angriffen. Zuletzt wurde die *Friedens-Jirga*, die Hamid Karzai am 2. Juni 2010 einberief, mit Granaten beschossen.

Zu der Eskalation der Gewalt und dem Unvermögen von ISAF, nachhaltige Erfolge zu erzielen, gesellten sich hausgemachte Probleme: So entließ Barak Obama am 23. Juni 2010 General Stanley McChrystal, ISAF-Oberbefehlshaber in Afghanistan, nachdem sich dieser herablassend über das Weiße Haus geäußert hatte. Zudem führte die Internet-Veröffentlichung von abertausend geheimen NATO-Militärprotokollen am 25. Juli 2010 der Öffentlichkeit vor Augen, welches Ausmaß der Krieg in Afghanistan inzwischen erreicht hatte und dass ISAF auf verlorenem Posten kämpfte. Der Afghanistaneinsatz avancierte in immer mehr NATO-Ländern zur politischen Zerreissprobe: Am 21. Februar 2010 brach die niederländische Regierung über unüberbrückbaren Differenzen bezüglich des Afghanistaneinsatzes auseinander. Die *Kunduz-Affäre* kostete Minister Franz-Josef Jung am 27. November 2009 den Kabinettsposten und brachte seinen Nachfolger im Verteidigungsministerium, Karl-Theodor zu Guttenberg, in den Folgemonaten in arge Bedrängnis. In den meisten NATO-Staaten bestimmen längst nicht mehr Themen wie Zivilgesellschaft, Demokratie und Menschenrechte die Diskussionen über Afghanistan wie noch 2002, sondern

Themen wie Stabilität, Einbindung der Taliban und ein konkretes Abzugsdatum. Die Niederlande ziehen bis Ende 2010 ihre Truppen aus Afghanistan ab, Kanada bis Ende 2011.

Das Bröckeln der Allianz fällt mit einem eklatanten Vertrauensverlust zwischen den NATO-Staaten und der afghanischen Regierung zusammen. Barak Obama betrachtete bereits bei seinem Präsidentschaftsantritt Hamed Karzai als einen Gefolgsmann George Bushs und ging auf Distanz zu diesem. In Diplomatenkreisen hatte sich die Stimmung sowieso wegen seiner schlechten Regierungsführung gegen Karzai gewendet. Den Forderungen der internationalen Gemeinschaft, der Korruption im Staatsapparat entgegenzutreten, begegnet Hamed Karzai immer wieder mit Lippenbekenntnissen – wohl wissend, dass gerade die NATO-Staaten kaum den Geldhahn zudrehen können, ohne die Verschlechterung der Sicherheitslage der in Afghanistan stationierten Soldaten in Kauf zu nehmen.

Jedoch zeigte Hamed Karzai weit größeres Stehvermögen, als ihm zugetraut worden war. So schnitt er den politischen Apparat immer stärker auf seine Position zu und sicherte seine Macht über Klientelnetzwerke und die Vergabe von Ämtern bis hinunter auf die lokale Ebene ab. Bei den Präsidentschaftswahlen am 20. August 2009, die von Gewaltakten der Taliban, Wahlbetrug großen Ausmaßes und Einschüchterungen überschattet waren, konnte sich Karzai (49%) gegen seinen Herausforderer Abdullah Abdullah (28%), einen Panjschiri, durchsetzen. Für einen zweiten Wahlgang, der eigentlich bei Nichterreichung der absoluten Mehrheit nötig ist, stand Abdullah Abdullah nicht mehr zur Verfügung, so dass Karzai zum Sieger erklärt wurde. Der Trend, demokratische Spielregeln bei Wahlen außer Kraft zu setzen, hielt auch bei den Parlamentswahlen am 18. September 2010 an, bei denen erneut Wahlfälschungen großen Ausmaßes stattfanden und die Wahlbeteiligung auf 40% sank.

Seinen Wahlsieg nahm Hamed Karzai zum Anlass, ein ums andere Mal die Obama-Regierung zu brüskieren: So traf er sich im März 2010 mit dem iranischen Präsidenten Ahmadinedschad, während US-Verteidigungsminister Robert Gates Afghanistan bereiste, und führte wenige Tage später Regierungsgespräche in Peking, während in Washington ein US-amerikanisch-pakistanischer Gipfel stattfand. Karzais Botschaft war eindeutig: Als Alternative zu den USA verfügt Afghanistan über Bündnispartner, die in Washington nicht gerade Entzücken auslösen. Obama sah sich genötigt, kurzfristig nach Kabul zu reisen, um wieder ein Einvernehmen mit Karzai zu erreichen. Diese jüngsten Schachzüge auf dem diplomatischen Parkett verdeutlichen, dass das *New Great Game*, in dessen Mittelpunkt Afghanistan steht, zunehmend konkrete Konturen annimmt.

Aussichten auf Frieden

2010 – 9 Jahre nach Beginn der Intervention, 31 Jahre nach Einmarsch der Sowjetunion – sieht die Lage in Afghanistan düster aus. Wenn die komplexe Konfliktsituation auch kaum eine Prognose für die Zukunft des Landes zulässt, so kann doch davon ausgegangen werden, dass Afghanistans Weg in den Frieden von vielen Rückschlägen begleitet sein wird und wohl eher Jahrzehnte als Jahre dauern wird. So etablierte sich in Afghanistan eine Instabilität auf hohem Niveau, die ihre Ursache in ökonomischen und gesellschaftlichen Strukturen hat, die bereits in den letzten Jahrhunderten immer wieder bestimmend waren. Der abweisende Naturraum, der Konflikt zwischen Stadt und Land, der extreme Partikularismus, die kulturelle Heterogenität wie auch die Einmischung von außen werden wohl auch die zukünftige Entwicklung des Landes stark beeinflussen.

So stellt sich – ungeachtet dessen, wie der Wiederaufbau vorankommt – die Frage, ob Afghanistan jemals in der Lage sein wird, seine Bevölkerung zu ernähren und über einen leistungsfähigen Staat zu verfügen. Afghanistan ist eines der ärmsten Länder der Welt; zudem hat sich seine Bevölkerung in den letzten 20 Jahren trotz des Krieges verdoppelt und weist eine der höchsten Wachstumsraten der Welt auf. Das Land verfügt – bei einer Analphabetenrate von über 60% – kaum über das Humankapital, um Arbeitsplätze außerhalb der Landwirtschaft zu schaffen. Mangels ökonomischer Alternativen wird daher für viele Bauern und Händler im Kampf ums Überleben auch in Zukunft der Anbau und Handel mit Drogen der einzig gangbare Weg sein. Auch die jüngsten Nachrichten, dass in Afghanistan große Rohstofflager (u. a. Lithium, Gold, Kupfer) existieren, dürften kaum kurz- und mittelfristig zu einer Verbesserung der wirtschaftlichen Lage beitragen, da es an der Infrastruktur und an den Kapazitäten im Lande mangelt, um diese auszubeuten.

Auch der Konflikt zwischen Stadt und Land wird weiter andauern. Nicht allein das ökonomische Ungleichgewicht, sondern auch die verschiedenen gesellschaftlichen Vorstellungen spalten die afghanische Gesellschaft. Die Durchsetzung von Menschenrechten, Demokratie und Gleichstellung der Frau kann der urban geprägten Bevölkerung nicht schnell genug gehen, während weite Teile der ländlichen Bevölkerung diese Grundsätze für anti-islamisch halten und durch sie die Aufrechterhaltung der traditionellen Gesellschaftsordnung gefährdet sehen. Gerade die Bewegung der Taliban kann in den ländlichen Gebieten Südafghanistans auf die Unterstützung einer Bevölkerung zählen, die sich ökonomisch vernachlässigt, ethnisch nicht richtig repräsentiert und in ihren Werten und Normen nicht ernst genommen fühlt.

Die Dominanz von Einzelinteressen stellt eine weitere Gefahr für eine Friedensfindung in Afghanistans dar. Der Zerfall des Landes in viele kleine Kriegsfürstentümer verhindert nicht nur die Schaffung eines staatlichen Gewaltmonopols, sondern bedingt die fehlende physische Sicherheit im gesamten Land. Jedoch ist diese Situation nicht individuellen Kriegsfürsten anzulasten, deren Beseitigung umgehend für Frieden sorgen würde. Stattdessen haben sich in Afghanistan im Verlauf des Krieges Gewaltstrukturen herausgebildet, die eine ganze Gesellschaft prägen und unabhängig von großen Führungspersönlichkeiten weiter existieren.

Auch die kulturelle Heterogenität des Landes bleibt ein wesentlicher Konfliktherd, obgleich eine nationale Identität unter den Afghanen so stark ausgeprägt ist wie niemals zuvor. Die größte Schwierigkeit ist es, staatliche Institutionen wie Regierung, Verwaltung und Armee zu schaffen, die ethnisch, konfessionell und regional ausbalanciert sind. Die Einführung demokratischer Prinzipien dürfte dieses Problem nicht verringern, sondern eher noch verstärken. Zu groß ist die Gefahr, dass sich die Staatsgewalt in den Händen einer ethnischen, tribalen oder regionalen Gruppierung konzentriert und sich weite Teile der Bevölkerung nicht vertreten fühlen. Der langfristige Ausschluss einer der großen ethnischen Gruppen von der zentralen Macht wäre für die Zukunft Afghanistans fatal.

Ein großes Problem stellen schließlich die ausländischen Interessen dar. Nach wie vor sind sämtliche Nachbarstaaten bemüht, ihren Einfluss in Afghanistan geltend zu machen. Aufgrund seiner geopolitischen Lage werden auch in Zukunft Konflikte auf Afghanistan ausstrahlen, die mit dem Land direkt wenig zu tun haben, wie etwa der Kaschmir-Konflikt zwischen Pakistan und Indien, das Konkurrenzverhältnis zwischen Saudi-Arabien und Iran oder das Ringen der Großmächte USA, China und Russland um Einfluss in Zentralasien. Zudem ist Afghanistan durch die Ereignisse des 11. September kaum noch von der Landkarte der internationalen Politik wegzudenken. So muss sich in Afghanistan beweisen, dass es der internationalen Gemeinschaft mit dem Krieg gegen den Terror ernst ist. Scheitert der Wiederaufbau Afghanistans, hat die internationale Gemeinschaft im Kampf gegen den Terror versagt. Der eskalierende Krieg zwischen den Taliban und der NATO verdeutlicht, dass die ausländischen Kräfte, die 2001 in Afghanistan intervenierten, um dem Land ihren Frieden zu bringen, sehr schnell Teil des Konfliktes wurden. So hat das *New Great Game* in Afghanistan bereits begonnen, und es ist nicht unwahrscheinlich, dass wie in den vergangenen Jahrhunderten über die Zukunft des Landes in den Schaltzentralen der Macht wie New York, Washington, Moskau, Teheran und Islamabad entschieden wird.

Zeittafel

2000–1500 v. Chr.	Einwanderung indogermanischer Steppenvölker aus Zentralasien in das Gebiet des heutigen Afghanistan
559–330 v. Chr.	Achämenidenreich
553–630 v. Chr.	Zarathustra, Begründer des Zoroastrismus, geboren in Balkh (Baktrien)
330–326 v. Chr.	Alexander der Große (336–323) durchzieht mit seiner Streitmacht das Gebiet des heutigen Afghanistan.
312–64 v. Chr.	Seleukiden-Dynastie, Nachfolger Alexanders des Großen
268–233 v. Chr.	Aschoka, bedeutender Herrscher der indischen Maurya-Dynastie
um 250 v. Chr.	Diodotus gründet das gräko-baktrische Königreich.
Mitte 3. Jh. bis 1. Jh. v. Chr.	Gräko-baktrisches Reich
1. Jh. v. Chr.	Blütezeit der Saken (Skythen)
45 n. Chr.	Gründung des Kuschanreiches unter Kadphises
78–123 bzw. 144–173	Blüte des Kuschanreiches unter Kanischka
226–642	Herrschaft der Sassaniden
4. Jh.	Die Hiung-nu dringen von Mittelasien in das heutige Afghanistan ein.
5.–6. Jh.	Herrschaft der Hephtaliten (Weiße Hunnen)
649	Arabische Eroberung Khorassans
663	Die Araber erobern Balkh (Baktrien)
821–873	Tahiriden-Dynastie in Khorassan
867–911	Saffariden-Dynastie in Sistan begründet von Ya'qub Laithus Saffar
874–999	Samaniden-Herrschaft in Samarkand
977–1186	Ghaznawiden-Reich, begründet von Mahmud (969–1030) mit Ghazni als Zentrum.
1040	Die Seljuken besiegen die Ghaznawiden bei Merw.
1150/51	Die Ghoriden zerstören Ghazni.
1162–1202	Blüte des Ghorideneichs unter Ghiyathud-Din Mohammad Sam
1210	Die Chorezm besiegen die Ghoriden.
1221	Dschingis Khan (1155–1227) durchzieht das Gebiet des

	heutigen Afghanistan und zerstört Herat, Balkh, Bamyan und Ghazni.
1370–1405	Timur Leng (*1336), Nachkomme von Dschingis Khan, errichtet eine Herrschaft von Zentralasien bis zum Mittelmeer.
1405–1447	Schah Rukh, Begründer der Timuriden-Herrschaft in Herat.
Anfang 16. bis Mitte 18. Jh.	Das heutige Afghanistan bleibt nahezu 250 Jahre lang zwischen den persischen Safawiden, den Moguln in Nordindien und den usbekischen Schaibaniden in Mittelasien geteilt.
1505	Babur, Begründer der Mogul-Dynastie, erobert Kabul.
1625	Die Safawiden besetzen Kandahar.
1667–1672	Unter der Führung von Khuschak Khan Khatak rebellieren paschtunische Stämme gegen die Herrschaft der Moguln.
1709	Der aus dem paschtunischen Stamm der Ghilzai stammende Mir Wais Hotak vertreibt die Safawiden aus Kandahar.
1722	Mahmud, Sohn und Nachfolger Mir Wais, nimmt Isfahan ein und beendet die Safawidenherrschaft.
1729	Nader Schah beendet die «Afghanen-Herrschaft» in Persien.
1736–1747	Nader Schah herrscht über Persien.
1747–1773	Ahmad Schah aus der paschtunischen Stammeskonföderation der Durrani (Abdali) begründet das Durrani-Reich.
1773–1793	Timur Schah, Sohn und Nachfolger Ahmad Schahs, übernimmt die Macht.
1793–1826	Interne Machtkämpfe schwächen das Durrani-Reich.
1826–1863	Dost Mohammad herrscht mit Unterbrechung über Kabul.
1838–1842	Erster anglo-afghanischer Krieg.
1839	Schah Schoja' besteigt mit Hilfe der Briten den afghanischen Thron.
6. Jan. 1842	Größtes Debakel der britischen Kolonialgeschichte: 4500 britische Soldaten und 12000 Trossangehörige werden von afghanischen Kriegern niedergemetzelt.
1863–1878	Scher 'Ali, Sohn Dost Mohammads, regiert über Afghanistan.
1879	Zweiter anglo-afghanischer Krieg. Afghanistan wird halbautonomes Protektorat Britsch-Indiens.
26. Mai 1879	Vertrag von Gandomak

1880–1901	Herrschaft Abdur Rahmans
1888–1893	Abdur Rahman unterwirft in grausamen Kriegen die schiitischen Hazaras.
12. Jan. 1893	Der Durrand-Vertrag besiegelt die Grenze zwischen Afghanistan und Britisch-Indien.
1901–1919	Herrschaft Habibullahs I.
1919–1929	Herrschaft Amanullahs, Sohn Habibullahs I.
3. Mai 1919	Amanullah erklärt den Briten den Krieg.
Mai–August 1919	Dritter anglo-afghanischer Krieg.
8. August 1919	Ein vorläufiger Vertrag regelt die Unabhängigkeit Afghanistans.
10. April 1923	Amanullah verkündet eine konstitutionelle Verfassung.
16. Jan. 1929	Habibullah II. (Bacha-ye Saqqao) stürzt Amanullah.
Okt. 1929	Nadir Schah beendet die Herrschaft Habibullahs II.
1930–1933	Herrschaft Nader Schahs
1933–1973	Herrschaft Zaher Schahs, der aber erst ab 1963 aktiv in die Politik eingreift.
1933–1946	Mohammad Haschem Khan, Onkel Zaher Schahs, leitet die Regierungsgeschäfte.
1946–1953	Schah Mahmud Khan übernimmt die Regierung.
1949–1970	Die Paschtunistanfrage führt immer wieder zu Grenzzwischenfällen und Handelsblockaden durch Pakistan.
1953–1963	Mohammad Daud Khan leitet die Regierungsgeschäfte.
1963–1973	Konstitutionelle Monarchie unter Zaher Schah
Sept. 1964	Verabschiedung einer konstitutionellen Verfassung, die Ansätze eines westlichen Parlamentarismus enthält.
17. Juli 1973	Mohammad Daud Khan putscht sich an die Macht und ruft die Republik aus.
1973–1978	Regierungszeit Mohammad Daud Khans
27. April 1978	In der April-Revolution *(enqelab-i saur)* stürzt die Demokratische Volkspartei Afghanistan (DVPA) Mohammad Daud. Mohammad Taraki wird Präsident und Afghanistan «Demokratische Republik».
5. Dez. 1978	Unterzeichnung eines Vertrages über «Freundschaft, gute Nachbarschaft und Zusammenarbeit» zwischen Afghanistan und der Sowjetunion.
16. Sept. 1979	Nach einer gewaltsamen Auseinandersetzung mit Taraki ernennt sich Amin zum neuen Präsidenten.
10. Okt. 1979	Taraki wird ermordet aufgefunden.
24.–27. Dez. 1979	Sowjetische Intervention in Afghanistan. Beginn des Afghanistan-Kriegs.
27. Dez. 1979	Amin wird erschossen und Babrak Karmal neuer Präsident.

4. Mai 1986	Najibullah löst auf Geheiß Moskaus Babrak Karmal als Regierungschef ab.
14. April 1988	Unterzeichnung des Friedensvertrags *(Geneva Accord)* zwischen der afghanischen und pakistanischen Regierung, den USA und der Sowjetunion.
1989	Abzug der sowjetischen Truppen aus Afghanistan
April 1992	Sturz Najibullahs durch die Mujahedin. Im *Peschawar-Accord* einigen sich die Widerstandsparteien auf eine Übergangsregierung. Afghanistan wird «Islamische Republik».
1992–1996	Andauernde Kämpfe legen Kabul in Schutt und Asche.
Spätsommer 1994	Auftreten der Taliban in Südostafghanistan
Sept. 1996	Die Taliban nehmen Kabul ein. Zusammenschluß der übrigen Parteien zur Nordallianz
24.–28. Mai 1997	Die Taliban besetzen Mazar-i Scharif.
12. August 1998	Die Taliban nehmen erneut Mazar-i Scharif ein.
10. März 2001	Die Taliban zerstören die Statuen von Bamyan.
11. Sept. 2001	Anschläge auf das World Trade Center und das Pentagon
7. Okt. 2001	Beginn der US-geführten militärischen Intervention in Afghanistan
8. Nov. 2001	Die Nordallianz nimmt Mazar-i Scharif ein.
12./13. Nov. 2001	Die Taliban überlassen Kabul der Nordallianz.
27. Nov. bis 5. Dez. 2001	Petersberger Konferenz bei Bonn
8. Dez. 2001	Die Taliban verlieren Kandahar, ihre letzte wichtige Hochburg.
22. Dez. 2001	Die Übergangsregierung unter Hamed Karzai nimmt ihre Arbeit auf.
Mitte Juni 2002	Eine *loya jirga* (Große Stammesversammlung) bestätigt Karzai als Präsidenten der afghanischen Übergangsregierung.
4. Jan. 2004	Verabschiedung der neuen afghanischen Verfassung.
9. Okt 2004	Hamed Karzai wird mit 55,4% der Stimmen zum Präsidenten gewählt.
seit 2005	Zunahme der Kämpfe zwischen Aufständischen einerseits und ISAF und afghanischer Armee andererseits
18. Sept. 2005	Landesweit finden Parlaments- und Provinzwahlen statt.
29. Mai 2006	Nach einem durch US-Soldaten verursachten Verkehrsunfall kommt es in Kabul zu gewaltsamen Ausschreitungen, bei denen mehrere Gebäude internationaler Organisationen niedergebrannt werden.

31. Juli und 5. Okt. 2006	Die NATO übernimmt den Oberbefehl in Süd- und Südostafghanistan.
20. Aug. 2009	Präsidentschaftswahlen, zu deren Gewinner am 2. November Hamed Karzai erklärt wird.
4. Sept. 2009	Kunduz-Affäre: Der Bundeswehroberst Georg Klein befiehlt den Beschuss zweier von den Taliban entführter Tanklaster, wobei bis zu 142 Menschen ums Leben kommen.
18. Sept. 2010	Parlamentswahlen in Afghanistan

Stammtafel der Durrani-Dynastie

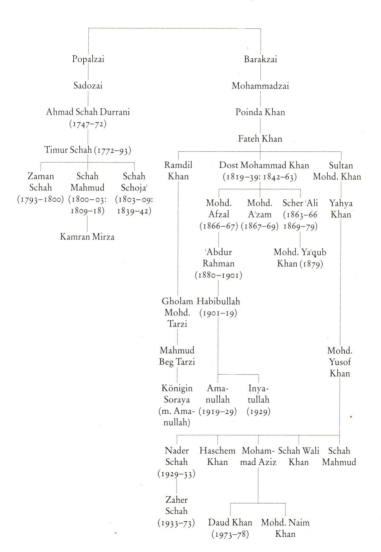

Literaturhinweise

Baraki, Matin (1996): Die Beziehungen zwischen Afghanistan und der Bundesrepublik Deutschland 1945–1978. Frankfurt a. M.

Chiari, Bernhard (2006): Wegweiser zur Geschichte. Afghanistan. Paderborn

Dupree, Louis (1973): Afghanistan. Princeton

Elphinstone, Monstuart (1815): An Account of the Kingdom of Caubul and its Dependencies in Persia, Tartary and India, Comprising a View of the Afghan Nation, and a History of the Douraunee Monarchie. London. 2 Bde.

Ewans, Martin (2002): Afghanistan – A New History. London

Farhang, M.M.S. (1370/1992): Afghanistan in den letzten fünf Jahrhunderten. 3 Bde. Qom (Original persisch)

Ghubar, Mir Gholam Mohammad (1346/1968): Afghanistan im Verlauf der Geschichte. Kabul (Original persisch)

Giustozzi, Antonio (2000): War, Politics and Society in Afghanistan 1978–1992. London

Giustozzi, Antonio (2009): Koran, Kalashnikov and Laptop. The Neo-Taliban Insurgency in Afghanistan. London

Giustozzi, Antonio (Hrsg.) (2009): Decoding the New Taliban: Insights from the Afghan Field. London

Gomm-Ernsting, Claudia & Günther, Annett (Hrsg.): Unterwegs in die Zukunft. Afghanistan – Drei Jahre nach dem Aufbruch vom Petersberg. Berlin

Gregorian, Vartan (1969): The Emergence of Modern Afghanistan. Politics of Reform and Modernization, 1880–1946. Stanford

Grevemeyer, Jan-Heeren (1987): Afghanistan. Sozialer Wandel und Staat im 20. Jahrhundert. Berlin

Grötzbach, Erwin (1990): Afghanistan. Darmstadt

Johnson, Chris & Leslie, Jolyon (2005): Afghanistan. The Mirrage of Peace. London

Kakar, Hassan M. (1979): Government and Society in Afghanistan: The Reign of Amir Abd-al Rahman Khan. Austin

Klimburg, Max (1966): Afghanistan. Das Land im historischen Spannungsfeld Mittelasiens. Wien

Koelbl, Susanne & Olaf Ihlau (2007): Geliebtes, dunkles Land: Menschen und Mächte in Afghanistan. München

Kraus, Willy (Hrsg.) (1972): Afghanistan: Natur, Geschichte und Kultur, Staat, Gesellschaft und Wirtschaft. Tübingen

Maley, William (Hrsg.) (1998): Fundamentalism Reborn? Afghanistan and the Taliban. London

Maley, William (2006): Rescuing Afghanistan. London

Noelle, Christine (1997): State and Tribe in Nineteenth Century Afghanistan: The Reign of Amir Dost Muhammad Khan (1826–1863). Richmond

Noelle-Karimi, Christine, Schetter, Conrad & Schlagintweit, Reinhard (Hrsg.) (2002): Afghanistan – A Country without a State? Frankfurt a. M.

Orywal, Erwin (Hrsg.) (1986): Die ethnischen Gruppen Afghanistans. Wiesbaden

Pohly, Michael (1992): Krieg und Widerstand in Afghanistan, Ursachen, Verlauf und Folgen seit 1978. Berlin

Poullada, Leon B. (1973): Reform and Rebellion in Afghanistan. King Amanullah's Failure to Modernize a Tribal Society. Ithaca

Rashid, Ahmed (2010): Taliban: Afghanistans Gotteskämpfer und der neue Krieg am Hindukusch. München

Rashid, Ahmed (2010): Sturz ins Chaos. Afghanistan, Pakistan und die Rückkehr der Taliban. Berlin

Roy, Olivier (1986): Islam and Resistance in Afghanistan. Cambridge

Rubin, Barnett R. (1995): The Fragmentation of Afghanistan. Michigan

Saikal, Amin (2006): Modern Afghanistan. A History of Struggle and Survival. London

Schetter, Conrad & Wieland-Karimi, Almut (Hrsg.) (1999): Afghanistan in Geschichte und Gegenwart. Frankfurt a. M.

Schetter, Conrad (2003): Ethnizität und ethnische Konflikte in Afghanistan. Berlin

Shahrani, Nazif M. & Canfield, Robert (Hrsg.) (1984): Revolution and Rebellions in Afghanistan. Anthropological Perspective. Cambridge

Tarn, William (1951): The Greeks in Bactria and India. Chicago

Wieland-Karimi, Almut (1998): Islamische Mystik in Afghanistan. Die strukturelle Einbindung der Sufik in die Gesellschaft. Stuttgart

Personenregister

ʿAbdul Malik I. b. Nuh,
  Emir der Samaniden 38
ʿAbdul Wali Khan, General 88
Abdullah, Abdullah 148
ʿAbdur Rahman 142
ʿAbdur Rahman, Emir von
  Afghanistan 11, 27, 64, 67–72
ʿAlaud-Din Husain, Sultan der
  Ghoriden 40
Aʿzam, Mohammad 54
Aʿzam, Mohammad Khan,
  Emir von Kabul 64
Afzal Khan, Mohammad,
  Emir von Kabul 64
Ahmad Schah Durrani,
  Emir der Durrani 11, 45, 47–52
Akbar Khan, Mohammad 60, 62 f.
Al-Biruni, Abu ar-Rayhan
  Mohammad ibn 39
Alexander der Große 31
Alptigin 38 f.
Amanullah, Emir von
  Afghanistan 11, 14, 73–77, 79 f.
Amin, Hafizullah 89 f., 96,
  99–101
Amin, Mohammad 64
Amr b. al-Laith, Emir der
  Saffariden 38
Andropow, Jurij 100
Annan, Kofi 130
Ansari, Bayazid 45
Antiochos I., König der
  Seleukiden 32

Ardaschir I., König der
  Sassaniden 35
Ardavan V., König der Parther 35
Aschoka, Kaiser der Maurya 32
Aschraf Schah Hotak, Schah von
  Persien 46 f.
Atatürk, Mustafa Kemal 73
Auckland, Lord George Eden 58,
  62
Aurangzeb, ʿAlamgir,
  Großmogul 45
Ayatollah Asaf Mohseni 111
Aybeg, Qotbud-Din 40
Ayub Khan, Mohammad 64, 67 f.,
  71
Ayub Schah, Emir von Kabul 54

Babbar, Nasrullah 125
Babur, Zaherud-Din Mohammad,
  Großmogul 43
Bacha-ye Saqqao *siehe*
  Habibullah II.
Badakhschi, Taher 90
Bahram Schah, Sultan der
  Ghaznawiden 40
Baker, James 117
Balfour, Lady Betty 67
Behzad, Kemalud-Din 42
Bhutto, Benazir 125
Bhutto, Zulfikar 94
Bin Laden,
  Osama *siehe* Laden
Bonino, Emma 134

163

Brahimi, Lakhdar 130, 137
Breschnew, Leonid 94, 99–101
Brydon, William 60
Bulganin, Nikolai A. 86
Burnes, Alexander 57–60
Bush, George 146, 148

Cavagnari, Sir Louis 66
Charkhi, Gholam Nabi 80
Chruschtschow, Nikita S. 86

Dadfar, ʿAzam 142
Darius I., der Große, pers. König 30
Darius III., pers. König 31
Daud Khan, Sattar Mohammad 80–82, 85, 87, 92–95, 98, 101
Diodotos, gräko-baktr. König 32
Disraeli, Benjamin 66
Dost Mohammad Khan, Emir von Kabul 12, 55–60, 62 f.
Dostum, Raschid 115, 118–120, 123, 128 f., 139, 141
Dschingis Khan 41
Dubs, Adolph 98

Eʿtemadi, Nur Ahmad 87
Eisenhower, Dwight D. 86
Ellenborough, Lord Edward Law 62
Elphinstone, Mountstuart 48, 53

Fahim, Mohammad Qasem 141
Fakir von Ipi 82
Farhang, Amin 142
Fateh Jang Sadozai 62 f.
Fateh Khan Barokzai 52–55

Ferdousi 29, 39
Fontane, Theodor 60 f.

Gates, Robert 148
Ghiyathud-Din Mohammad b. Sam, Sultan der Ghoriden 40
Gondophares, König der Saken 34
Gorbatschow, Michail 112 f.
Gromyko, Anatoly A. 100
Gupta, Chandra, Kaiser der Maurya 32
zu Guttenberg, Karl-Theodor 17, 147

Habibi, ʿAbdul-Hayy 66
Habibullah I., Emir von Afghanistan 14, 72 f.
Habibullah II., Emir von Afghanistan 76–78, 80
Habibullah Kalakani siehe Habibullah II.
Hamed, Samad 14
Haqq, ʿAbdul 110
Haqqani, Jalalud-Din 110, 143
Haschem Khan, Mohammad 80
Hekmatyar, Golbud-Din 89, 91, 93, 110, 117–119, 122, 126 f., 143
Hentig, Werner von 14
Herodot 29
Holbrooke, Richard 146
Holl, Norbert 130
Homayun 52
Hsüan-Tsang 35

Ishaq Khan, Mohammad 71
Ismaʿil Khan 98, 110, 115, 118 f., 126, 140 f.

Jalalud-Din, Sultan der Khorezm 41
Jami, Hakim 42
Jarir, Homayun 137
Jung, Franz-Josef 17, 147

Kadphises, Kudschala, König der Kuschan 34
Kanischka (der Große), König der Kuschan 34
Karmal, Babrak 90, 96, 106, 112 f.
Karzai, ʿAbdul-Ahad 131, 138
Karzai, Hamed 10, 131, 137–142, 147–149
Khales, Yunus 110
Khalilzad, Zalmay 137–139, 141 f., 144
Khan ʿAbdul Ghaffar Khan 82
Khingila, König der Hephthaliten 35
Khuschhal Khan Katak 45
Khyber, Mir Akbar 94
Kiesinger, Kurt Georg 16
Kipling, Rudyard 28, 55
Klein, Georg 144
Kosygin, Alexei N. 100
Kyros der Große, pers. König 29

Laden, Osama bin 130, 132, 134–136, 142
Lakhana, König der Hephthaliten 35
Lawrence, Sir John 65
Lübke, Heinrich 16
Lytton, Lord Robert Bulwer 66 f.

Macnaghten, Sir William 59 f.
Mahmud Schah, Emir von Kabul 52–54

Mahmud Schah Hotak, Schah von Persien 46
Mahmud von Ghazni, Sultan der Ghaznawiden 39
Maiwandwal, Mohammed Haschem 87, 93
Malek, ʿAbdul 85
Masʿud, Ahmad Schah 89, 110, 115, 118 ff., 129 f., 141
Masʿud, Sultan der Ghaznawiden 39
Masson, Charles 56
McChrystal, Stanley 147
Mestiri, Mahmud 122
Mir Wais Khan Hotak, Mir von Qandahar 45 f., 132
Mithridates II., König der Parther 33
Mitrokhin, Vasilin 94
Mohammadi, Maulawi Mohammad Nabi 111, 125
Mohaqeq, Mohammad 139
Mojaddedi, Sebqatullah 111, 120
Momen, General ʿAbdul 117
Mullah ʿOmar 132, 138, 142
Mullah Lang 75
Mullah Muschk-i ʿAlam 67
Mullah Raschid Sahak 75
Musharraf, Pervez 144

Nader Schah Afschar, Schah von Persien 27, 46–49
Nader Schah, Mohammad, Schah von Afghanistan 74, 77–80
Najib *siehe* Najibullah Ahmadzai
Najibullah Ahmadzai, Mohammad 16, 112–114, 117 f., 120 f., 126
Newai, ʿAli Scher 42

Niedermayer, Oskar von 14
Nikolaus I., russ. Zar 58
Nixon, Richard 86
Niyazi, Gholam Mohammad 91, 93
Noelle-Karimi, Christine 51
Northbrook, Lord 66

Obama, Barak 146–148

Pahlawan, Malek 128 f.
Pahlawan, Rasul 128
Pankin, Boris 117
Peel, Robert 62
Poinda Khan 52
Ponomarew, Boris 100
Pottinger, Eldrid 58
Puzanow, Alexandre 99

Qadir, Haji 110, 142
Qais ʿAbdur Raschid 24
Qanuni, Yunus 137–139, 142

Rabbani, Borhanud-Din 91, 93, 110, 120, 128, 138 f., 141
Ranjit Singh, Maharaja der Sikhs 51, 53 f., 57
Rasul, General 117
Reza Schah Pahlawi, Schah von Persien 94
Richardson, Bill 130
Roberts, General Sir Frederick 63, 67
Roxane 31
Rudaki, ʿAbdullah 38

Salisbury, Lord 67
Sanjar, Sultan der Seljuken 40
Sayyaf, ʿAbdul Rasul 91, 110, 120, 141

Sayyed ʿAli Beheschti 111
Sayyed Ahmad Gilani 111, 137
Sayyed Jamalud-Din Afghani 64
Sayyed Mohammad Qasem 81
Sayyed Musa Tawana 91
Schafiq, Musa 87
Schah ʿAbbas III., Schah von Persien 47
Schah Mahmud Khan 80
Schah Rukh, Schah der Timuriden 42
Schah Schojaʿ, Emir von Kabul 52 f., 57, 59, 62
Schapur I., sassan. König 35
Schapur, Sadozai 62
Scharif, Mohammad 64
Schehabud-Din Mohammad, Sultan der Ghoriden 40
Scher ʿAli Khan, Emir von Kabul 63–67
Scher Schah Suri 43
Schinwari, Maulawi Fazl Hadi 140
Sebüktegin, Sultan des Ghaznawiden 39
Sekandar Lodi 42
Seleukos I. Nikator, seleukid. König 31 f.
Sirat, ʿAbdul Sattar 137
Spanta, Rangin Dadfar 142
Stalin, Josef W. 85
Stoljetow, General Nikolai 66
Struck, Peter 17
Suslow, Michail 100

Tamerlan *siehe* Timur Lenk
Tanai, General Schahnawaz 117
Taraki, Mohammad 90, 96, 99
Tarzi, Mahmud Beg 73 f.

Tarzi, Soraya Khanum 74 f.
Thomas, Apostel 34
Timur Lenk 41–43
Timur Schah, Emir der
  Durrani 50–52
Toramana, König der
  Hephthaliten 35

Ustinow, Dimitri 100

Vendrell, Frenzesc 130
Victoria, Königin von England 53
Watanyar, Mohammad Aslam 95 f.
Witkewitsch, I. W. 58
Ya'qub Khan, Mohammad,
  Emir von Kabul 64, 66 f.
Ya'qub Laithus Saffar,
  Emir der Saffariden 38

Yuldoz, Tajud-Din 40
Yusof, Mohammad 14, 87, 89

Zabihullah 110
Zabuli, 'Abdul Majid 84
Zaher Schah, Schah von
  Afghanistan 16, 80, 86–88,
  92, 109, 111, 131, 137,
  139
Zaher, 'Abdul 87
Zaitzew, General Vasili
  112
Zaman Khan Sadozai,
  Mohammad 47
Zaman Schah, Emir der
  Durrani 51–53
Zarathustra 30
Zul-Faqar Khan Sadozai 47

Ahmed Rashid
Taliban
Afghanistans Gotteskämpfer und
der neue Krieg am Hindukusch

Aus dem Englischen von Harald Riemann und Rita Seuß
2010. 480 Seiten mit 2 Karten. Paperback
Beck'sche Reihe Band 1958

«Wer die Ereignisse in Afghanistan ... verstehen will,
wer eine Erklärung sucht für die Motive der Taliban,
der kommt um Ahmed Rashid und die tiefen Einblicke
seines Berichts nicht herum.»
Süddeutsche Zeitung